［国研ライブラリー］

小中一貫

事例編

国立教育政策研究所［編］

東洋館出版社

はじめに

国立教育政策研究所では、教育政策上の課題について、本研究所として取り組むべき研究課題を設定し、広く所内外の研究者の参加を得てプロジェクトチームを組織して研究活動を行う「プロジェクト研究」を実施しています。

本書は、そのプロジェクト研究の一つである「初等中等教育における学校体系に関する研究」（平成26年度～27年度）の研究成果の一部として、小中一貫教育の先導的事例の成果と課題に関する研究の成果をまとめた報告書「小中一貫教育の成果と課題に関する調査研究」（平成27年8月）をもとに「国研ライブラリー」として発刊するものです。

なお、プロジェクト研究のねらいの一つは、教育政策にも資するような先行的な学術研究調査や実践事例収集を行うところにあります。その点で、その研究成果は必ずしも当研究所や文部科学省の見解を反映したものではないことに御留意いただければと思います。

小中一貫教育については、政府の教育再生実行会議第5次提言や中央教育審議会の答申「子供の発達や学習者の意欲・能力等に応じた柔軟かつ効果的な教育システムの構築について」において制度化が提案され、本年4月に改正学校教育法及び関係政省令・告示が施行されました。これにより、小中一貫教育を行う新たな学校種である「義務教育学校」が制度化され、また、義務教育学校に準じた形で一貫した教育を行う「小中一貫型小学校・中学校（「併設型小学校・中学校」及び「連携型小学校・中学校」）が制度化されました。

本年２月に文部科学省が全都道府県・市区町村、附属学校を設置する国立大学法人、小学校又は中学校を設置する学校法人を対象に実施した意向調査によると、全国で今後設置される予定の義務教育学校は１３６校（うち平成28年度新設予定は22校）、小中一貫型小学校・中学校は併設型が４３７件（うち平成28年度新設予定は１１５件）、連携型は２件となっています。

全国の先導的事例における小中一貫教育に関する多様な考え方や実態を明らかにした本書が、新制度に取り組む予定の学校や今後の導入を検討している関係者にとって、広く活用されることを願うとともに、本研究の推進に御協力いただきました文部科学省・教育委員会・学校関係者の皆様に感謝申し上げます。また、本書の作成にあたり紙面の関係で報告書にまとめたすべての事例を掲載することができませんでしたが、どの事例も先導的事例として示唆に富むものでございますので、御関心のある方には本研究所のウェブサイトに掲載されております報告書本体もあわせて御覧いただければ幸いです。

平成28年６月

国立教育政策研究所　所長　河村　潤子

目次

第1章

小中一貫教育の取組と課題に関する考察

第1節　導入のねらいと手順

はじめに

市区町村や学校が新たに小中一貫教育を導入するに際しては、まず何を主たるねらいとして取り組むかを明確にし、次いでどのような手順・方法で推進するかを十分に検討することが極めて大切になります。

以下では、この二つのポイントに絞って論じていきます。

1．文部科学省の実態調査から見た小中一貫教育のねらい

文部科学省が、平成26年夏に全都道府県・全市区町村及び小中一貫教育を実施している全国の公立小・中学校を対象として実施した「小中一貫教育等についての実態調査」（以下、実態調査）によれば、小中一貫教育推進の主なねらいは次の通りです。

まず実施市区町村では、「中1ギャップの緩和など生徒指導上の成果を上げる」が96％、「学習指導上の成果を上げる」が95％、「9年間を通して児童生徒を育てるという教職員の意識改革」が94％と、いずれも90％を超えます。次いで、「教員の指導力の向上」が79％、「異学年児童生徒の交流の促進」が75％、「特色ある学校づくりを進める」が73％とともに70％台で続きます。

一方で、「教育活動の充実の観点から一定規模の児童生徒数の確保」が26％に止まることは注目

されます。これは、児童生徒数の減少が続く中で、「教育活動の充実の観点から一定規模の児童生徒数の確保」が、小中一貫教育について検討・実施する契機の一つになることはありましたが、小中一貫教育のねらいそのものではないとする考え方の表れでしょうか。

実施校では、「中1ギャップの緩和など生徒指導上の成果を上げる」が98%、「学習指導上の成果を上げる」が95%、「9年間を通して児童生徒を育てるという教職員の意識改革」が92%と、いずれも90%を超えます。

しかし、実施市区町村と違い70%を超えるのは「教員の指導力の向上」の77%のみで、「異学年児童生徒の交流の促進」が63%、「特色ある学校づくりを進める」が49%に止まることは興味深いと言えます。

また、「教育活動の充実の観点から一定規模の児童生徒数の確保」は13%と実施市区町村より更に低率ですが、学校（教職員）としては統合校であるか否かは関係なく、目の前にいる児童生徒をいかに教育するかが最大の関心事だろうことを考えれば、極めて当然の結果かもしれません。[1]

2. 先導的事例における導入の経緯から追った小中一貫教育のねらい

訪問調査を行った先導的事例（第3章参照）における導入の経緯から、小中一貫教育の主たるね

1 ここで用いた文部科学省調査のデータは、平成26年9月19日に開催された中央教育審議会初等中等教育分科会小中一貫特別部会資料3「小中一貫教育等についての実態調査の結果」（文部科学省初等中等教育局）によった。

らいを探ってみることにします。なぜなら、実態調査におけるアンケートに対する答えよりも、本調査研究を通じて収集した資料に記述されている内容や関係者と面談して直接に聞き取った導入の経緯等から、本音や実態により近い小中一貫教育のねらいが明らかになる可能性が大きいのではないかと考えるからです。

導入の経緯に関する資料中の記述や聞き取った内容を、前述した実態調査で実施市区町村と実施校の双方で高率を占めた三つの回答（選択肢）に即して整理すると、次のようになります。

（1）「中1ギャップの緩和など生徒指導上の成果を上げる」

そのものずばり「生徒指導上の効果を上げる」をねらいとしている例のほか、「不登校生徒が中学校になって急激に増える」とか、「中学校1年生で不登校になる生徒の増加」、「指導に困難性を抱える児童生徒の増加」、「小学校から中学校への進級時の不安を早い段階で解消」などへの対応を主たるねらいとして取り組んできた、とする事例がかなり多いことは、実態調査の結果とほぼ同じ傾向だと思われます。

（2）「学習指導上の成果を上げる」

事例のほとんどが、学習指導上の成果を上げることを小中一貫教育導入の主たるねらいとしています。しかし、その表現は「基礎学力不足」や「学力低下」、「確かな学力を育てる」、「勉強を好きだと思わない子ども、授業中に発表しない子どもが小学校高学年から増える」などです。これは小・中学校の教員間の意思疎通や教育内容の連携が不十分なことによる」、「小・中学校間で連絡を密にする、9年間を見通した学習指導を行う」などへの対応策という具合で、実に様々です。

（3）「9年間を通して児童生徒を育てるという教職員の意識改革」

各事例における小中一貫教育導入の経緯を追う中では、取組の主たるねらいとして「教職員の意識改革」が前面に出てくることは極めて少ないように思われます。その背景には、取組の最も重要な担い手たる教職員に対して「（あなた方の）意識改革がねらい」とすることにより、教職員の取組そのものに対する反発やモチベーションの低下等を招く可能性への配慮があるのかもしれません。

しかし、収集した関係資料や聞き取り調査の中で、取組による主な成果として、ほぼ例外なく「教職員の意識改革」が挙げられたことは指摘しておきたいと思います。

これまで述べてきた三つの項目に加え、ここで改めて、実態調査で実施市区町村及び実施校の双方とも、導入のねらいとしては低率にとどまった「教育活動の充実の観点から一定規模の児童生徒数の確保」に関して、収集した関係資料や聞き取り調査の内容等から、整理しておきたいと思います。

関係資料や聞き取りした内容等から導入の経緯を追えば、純粋に学力向上策や校舎の新改築について議論する中で、より有効な施設設備の利用策として小中一貫教育の導入を選択・決定した事例もあります。

一方で、特に施設一体型の事例では、「一定規模を確保」、「適正な規模を下回る場合は～統廃合も視野に入れた検討」などの言葉が出てきており、一定規模確保が導入の契機であり、学校統廃合によるマイナス要因を克服し、望ましい教育環境を維持・向上させることを目指す取組として小中一貫教育の導入を選択・決定した事例もあります。

人口規模が小さくなる地域では、教育環境の維持・向上のための学校規模適正化の方策の一つとして学校統廃合を検討し、小学校だけでなく、中学校も含めた義務教育段階全体の教育環境を考慮して、施設一体型の小中一貫教育を行うことも、自然な流れとして受け止められます。

3. 事例からみた小中一貫教育導入の手順

小中一貫教育導入の手順は、実に多様です。

以下に、幾つかのポイント別におおまかな傾向を整理します。

(1) 導入の契機

既に述べたように、児童生徒数の減少（現状のみならず将来予測も含む）対策として、学校の適正規模・適正配置や学校統廃合を検討する中で、小中一貫教育への取組を始めた事例もあります。また、市区町村の「長期総合計画」や「教育振興基本計画」等の策定、学力向上や生徒指導などの様々な教育課題の解決策を検討する中で、その一つの方策として小中一貫教育に取り組み始めた事例が多いと言えます。

さらには、市区町村単独の研究事業や、国・都道府県による研究指定事業等への取組が契機となった事例もあります。ちなみに、実態調査によれば、実施市区町村のうち、「市区町村単独で実施」が46％で最も多く、「都道府県教育委員会の事業を活用して実施」が16％、「文部科学省の事業を活用して実施」が7％、「国立教育政策研究所の事業を活用して実施」は1％未満となっています。

（2）実施構想や計画等の調査・研究協議する組織の設置

小中一貫教育導入の経緯を見ると、実際の取組を始める前に、基本方針を定め、それに基づく基本計画や実施プラン等について研究協議する組織を設置する事例が多いと言えます。こうした組織は、設置される経緯や時期等により、その名称や役割・権限、構成メンバー、事務局（庶務担当）が市区町村か学校か、など様々です。

例えば、小中一貫教育に先立って、早くから小・中学校間の連携教育事業に取り組んでいた学校が小中一貫教育に取り組むことになれば、ほぼ教職員のみを構成メンバーとして学校が事務局（庶務担当）で設置していた研究協議の組織を基礎とし、構成メンバーをより幅広い分野等から選任するなどした上で、果たすべき役割・権限等を拡大して小中一貫教育導入の準備を本格化させるようなケースがあります。

あるいは、あくまでも教職員のみをメンバーとして、市区町村教育委員会職員の指導や助言を受けながら、小中一貫教育の導入に伴う学習内容と指導の進め方や児童生徒の交流活動の在り方など、いわば実務的な検討を主たる役割とする「○○小・中学校（学園）小中一貫教育推進（検討）会議」等の名称の組織が置かれることもあります。

また、児童生徒数の減少を大きな契機として調査・研究協議が始まる場合は、市区町村職員（市区町村長が入る例もある）や、議員と保護者・地域住民組織代表等をメンバーとした「学区調整会議」、更に学識経験者なども構成メンバーに加えた「適正規模・適正配置検討会議」等の名称の組織を設置して取組を進める例もあります。

この場合は、研究協議のすえに適正配置のため学校統廃合を行うこととし、それを契機として小中一貫教育の導入が決定されたときには、構成メンバーを見直すとともに、新たに課題別部会や分科会を設置するなどして組織が拡充され、より実践的な役割を担うようになることも多いと言えます。

さらに、決して数多くあるわけではありませんが、導入開始後の数年間、取組全体の総合的な評価を専門に行うため、取組の関係者だけではなく外部の研究者等をも交えたメンバーによる組織を設置する事例もあり、注目すべきことだと思われます。

4．事例からみた小中一貫教育への取組の流れ

小中一貫教育の検討（構想）から導入（開校）に至る取組の流れは実に多様であり、簡単に整理することは困難ですが、あえて以下におおまかな流れの提示を試みます。

各事例を細かく検討すれば、それぞれ微妙に違うことは言うまでもありませんが、小中一貫教育への取組は、以下のような流れで進められることが多いのではないかと考えます。

（1）市区町村内の教育課題等の検討の過程で小中一貫教育実施論

・基礎学力の向上や生徒指導上の問題や児童生徒数の減少問題（団地造成等による急増も）等に関連

して小中一貫教育論が提起される。
・この時点で、既に「小・中学校間連携事業」等が始まっている場合もある。
・市区町村の長期総合計画や教育振興基本計画策定の過程で議論される場合もある。

（２）小中一貫教育の実施構想や計画等の調査・研究協議する組織の設置

・前段階の検討の結果出された課題解決について、本格的、あるいは専門的な検討
・保護者や地域住民等に対する意向調査を様々な方法で実施
・先行実施市区町村・学校の視察等の実施

（３）基本構想や基本方針などの策定

・最終決定前に公表し、様々な形で保護者・地域住民、その他関係者の意見聴取
・施設分離連携型か施設一体型かの検討・決定が重要課題（次の段階での検討もあり）

（４）基本構想や方針に基づく実施計画を策定

・基本構想や基本方針の普及啓発活動や教職員等の初歩的な研修の実施
・実施計画策定作業と並行して、国や県等の研究事業等の調査と活用可能性の検討
・市区町村単独の研究・モデル事業等の必要性や予算措置の可能性についての検討
・市区町村内の特定の学校限定で試行か、全校一斉実施かの決定（前段階での決定もあり得る）

（５）実施に伴う具体的な課題について検討する組織の設置と運営

・一貫教育実施に伴う具体的な課題について検討し、実施マニュアル的なものを作成
・国や県等の研究事業の申請準備と申請手続（前段階での作業が必要な場合もあり）

・ここでの検討作業と並行して、教職員対象の実践に向けた研修を実施
・実施内容が固まり次第、保護者や地域住民等の幅広い関係者向けの説明会等の開催
・様々な広報媒体を活用した普及啓発活動の強化

（6）小中一貫教育の実施

・前の段階で、一貫校となる小・中学校間で様々な試行が行われることが多い。
・意識的に保護者や地域住民への学校開放や授業参観日を増やす例が多い。
・年度末近くに、市区町村内の全教職員、あるいはブロック別の教職員を対象とした実践事例報告を主とした研修会を開催。併せて実践事例集等を刊行配布する事例も多い。

（7）様々な方法を組み合わせた評価の実施と実施計画や実施要項（マニュアル）の見直し

・小中一貫教育はいまだ実践の蓄積が十分ではないゆえに、取組の評価・検証は様々な方法を組み合わせ実効性のあるものにすることが大切である。したがって、既にある各種の研究・協議機関等の活用ではなく、できるだけ多くの専門家等をメンバーとして客観的で取組の改善に結びつくような評価専門の組織を設置することも意義のあることだと筆者は考える。[2] しかし、そうした取組をしている事例は極めて少ない。

（8）評価・検証結果を踏まえた実施要項等の徹底

・毎年、「実践記録集」や「実践事例集」を刊行・配布している事例が多い。これらを参考にしながら次年度の計画を練り、4月からの実施に向けた準備をすることになる。

おわりに

以下では、本節のまとめに代えて述べます。

まず、小中一貫教育に取り組む主たるねらいを改めて確認し、真にそのねらいを達成するための具体的な取組になっているか、随時検討を繰り返す必要があります。

ねらいが不鮮明では、次につなげるために大切な「評価」がぼやけたものになり、取組の進展を妨げる大きな要因となります。

この節で述べた取組の流れは、やや教科書的で実態とずれがあるかもしれません。筆者の「小中一貫教育に限らないが、確実な成果を上げるため、こうした取組はかくあるべきものではないか」との思いが少し前面に出過ぎているかもしれません。

もっとも、第3章で取り上げられた事例には、こうした流れで着実に取組を進めているケースが多いことを再確認しておくことにします。

そして、確実な成果を上げるために必要なステップをしっかりと踏みながら取組を進めるためには、**行政**（教育委員会）**と学校の強固な協働関係が不可欠であるにもかかわらず、教育委員会の体制がぜい弱過ぎるため学校が過大な負担を背負わされている事例も多い**ことが今後の大きな課

2　例えば武蔵村山市の「小中一貫校村山学園検証委員会」などが注目すべき事例と考える。同市教育委員会編著『村山学園てづくりの小中一貫教育～検討から開校、そして実践のあゆみ～』（平成24年1月、ぎょうせい）112～119ページ参照。

題です。[3]

3　高橋興著『小中一貫教育の新たな展開』（平成26年11月、ぎょうせい）207～209ページを参照されたい。

〈参考文献〉宮崎大学小中一貫教育支援研究プロジェクト編『小中一貫・連携教育の理念と実践』（平成25年3月、東洋館出版社）

第2節　教育課程の編成と運営

はじめに

中央教育審議会答申「子供の発達や学習者の意欲・能力等に応じた柔軟かつ効果的な教育システムの構築について」（平成26年12月12日）では、「小中一貫教育の中核的な要素」として次の２点を掲げています。

①９年間の教育目標の明確化、②当該教育目標に即した教科等ごとの９年間一貫した系統的な教育課程の編成・実施（年間指導計画の策定を含む）

これらは、「小中一貫型小学校・中学校（仮称）」についての要件として述べられていますが、「小中一貫教育学校（仮称）」についても当てはまる要件と言えます。[1] ここで「中核的な要素」として示された「９年間一貫した系統的な教育課程の編成・実施」とは、具体的にどのような取組として可能になるのでしょうか。

また、同答申では、「課程の区分」として、次のように学年段階の区分について述べています。

1　その後の小中一貫教育の制度化に係る学校教育法の改正により、「小中一貫教育学校（仮称）」は「義務教育学校」、「小中一貫型小学校・中学校（仮称）」はそのまま「小中一貫型小学校・中学校」と称されることとなった。

小中一貫教育学校（仮称）においては、いわゆる「中1ギャップ」や子供の発達の早期化など、それぞれの地域の児童生徒が抱える教育課題に対応して、9年間の教育課程において4―3―2や5―4といった柔軟な学年段階の区切りを設定しやすくすることが求められる。

ここでは、4―3―2等の学年段階の区切りは、それぞれの地域の児童生徒の教育課題への対応として設定することが想定されています。

以下では、小中一貫教育に係る教育課程の編成・実施における一貫性や系統性、学年段階の区分等に焦点を当て、その意義や課題について考えてみます。

1．一貫した教育課程の編成と運営の効果

（1）小中一貫したカリキュラムの編成とその効果

平成26年夏に文部科学省が実施した「小中一貫教育等についての実態調査」（以下、実態調査）の学校調査における「9年間の教育課程・指導方法の系統性・連続性の確保のための取組」に係る調査結果によると、小中一貫したカリキュラムの編成に関する項目の回答は次のとおりです。

「各教科別9年間の系統性を整理、小中一貫したカリキュラムを組んでいる」（52％）

調査対象校の約半数が、各教科別に系統性を整理し、小中一貫したカリキュラムを編成していることが分かります。

また、同調査結果の分析では、この取組と小中一貫教育の成果とのクロス集計を行っています。**全国学力・学習状況調査や地方公共団体が行う学力調査、民間の標準学力検査の結果のいずれもが、取組を行っている学校の方が向上している**との結果になっています。

その他、学習習慣の定着、生活リズムの改善、体力や運動能力の向上、児童生徒の授業理解状況の進展、学習意欲の向上など、いずれをとっても一貫教育カリキュラムの編成を行っている学校の方が改善が進んでいることが分かります。

では、なぜ一貫カリキュラムの編成を行っている学校で、学力及び学習意欲等の改善が図られたのでしょうか。

(2) 教科担任制の実施とその効果

続けて同実態調査では、小学校教科担任制の実施状況について、「一部の教科で実施した」(50%)、「実施していない」(48%)との結果となっています。この結果における実施の有無と上記と同様の一貫教育の成果とのクロス集計を見ると、やはり同様に実施した学校の方が、向上した・改善したとの回答が多くなっていることが分かります。つまり、小学校の教科担任制の実施が、学力の向上や学習習慣、学習意欲、授業理解度の向上にも関係していることが分かります。

また、小学校教科担任制を実施している学校は、教員の教科指導力の向上や小・中学校の指導内容の系統性についての教職員の理解が深まったとする回答が多くなっています。また、小・中学校の授業観や評価観の差が縮まったとの回答も多いのです。

これらのことから、**小学校の教科担任制の実施は、児童生徒の学力や学習意欲、教員の指導内容の理解促進や指導方法の改善に関係している**ことが分かります。

(3) 乗り入れ授業の実施とその効果

続いて、小・中教員の乗り入れ授業の実施については、中学校教員が小学校で授業を実施したとの回答が39%、小学校・中学校の教員が相互に乗り入れ授業を実施したとの回答が21%となっています。

この項目と児童生徒の学力の状況や学習習慣、学習意欲の向上、学校生活への満足度の回答とのクロス集計によると、これらの項目は乗り入れ授業を実施している学校の方が、改善したり向上したりしていることが分かります。

(4) 一貫教育カリキュラムの編成とその運用の特色

以上、カリキュラムの編成とその実施に係る教科担任制、乗り入れ授業の実施状況とその効果について、調査結果に基づいて整理してみました。これらのことから、小中一貫教育の取組においては、次のような特色があることが分かります。

第一に、**各教科等ごとの系統性を重視した一貫教育カリキュラムの編成は、教員にとって指導内容相互のつながりや相互の関連・見通しがより明確になる**ことです。

一般に一貫した教育指導とは、教育目標が教育課程を貫き、それに基づいて順次系統的、体系的に指導が行われ、ねらいとする学力を確実に習得させることを指すと考えられます。一方、教育課程は、学年や学年内の単元等に沿って内容を区分し、各教科等ごとに計画的に指導を展開する形で編成実施されます。一貫した教育活動とは、各単元や学年の内容のまとまりを円滑につなぎ引き継いでいく取組と言えます。

これらの取組は、6―3年の制度においても実施されていますが、**9年一貫教育といった場合、9年間の目標や内容の相互関連、つながり、系統を意図的に指導計画に具体化し、確かな学力につなげていく**ことが求められます。

本調査研究で対象とする先導的な事例においても、様々な様式で指導計画に具体化している姿が確認されました。これらを日常的に授業の計画や展開、学習評価等に具体化していくことが求められます。

第二に、教科担任制の意味についてです。

上記の実態調査によると、学力の向上や学習意欲の向上その他との相関が見られる結果となっています。教科担任制とは、教育課程の運営に関わる指導体制の形態のことを指しています。また、**教科担任制とは小中一貫教育ならではの指導体制であり、小中それぞれ異なる指導体制をつなぐ役割**を担っています。

学級担任がほぼ全ての教科等を担当する形から、特定の教科について複数の学級を横断して指導する形態であり、次のような特色を指摘することができます。教科の指導を、学級を横断して計画的に実施できることです。

これまでは一人の学級担任における各教科の指導として展開されたのが、教科担任が指導する

ことによって学習状況の把握や授業改善を共通して進めることができます。児童にとっては、学級担任による指導とは異なる、教師との関係を経験することになります。

第三に、乗り入れ授業の意味についてです。

乗り入れ授業という指導体制は、教育課程の実施としての授業を誰が担当するのかという意味であり、この点で教科担任制とも共通した面を持っています。**「乗り入れ」の意味は、学校種を超えて授業を担当するということ**であり、児童生徒、教員の側にそれぞれ教育的意味が発生します。

小学校の児童にとっては、中学校の教員が担当することによって教科の学習を深めることや、中学校とのつながりを想起した学習が可能になります。中学校の生徒にとっては、小学校の教員が指導することによって、小学校とのつながりを意識した振り返りなどの学習が可能になります。

（5）まとめ

ア　小中一貫教育における教育課程の編成と運営については、9年間を見通した各教科等ごとの系統性や一貫性の整理を行うことやそれを踏まえた指導計画の作成が、一貫教育の取組の基本になることです。ただ系統表や関連表を作成するだけでなく、それが実際の指導計画や指導方法に具体化されることが必要と言えます。

イ　小学校における教科担任制の実施は、小中一貫教育ならではの特色ある取組であり、小学校と中学校を指導体制の面でつなぐ役割を担っています。小学生が教科の内容をより深く学ぶことが可能になるし、教員にとっては、教科としての系統性を踏まえた授業や個に応じたより専門的な指導が可能になると考えられます。

ウ　小学校と中学校の乗り入れ授業についても、教育課程の実施運営面における取組と言えます。児童生徒理解の促進、教科の指導内容や方法の理解の促進がその教育効果を高めていると考えられます。

2．教育課程の編成と学年段階の区分の意味

次に、本調査研究で取り上げた先導的事例から、教育課程の編成と学年段階の区分の意味について考えてみます。学校で編成する教育課程の意義について、学習指導要領の解説総則編では、次のように示しています。

学校において編成する教育課程とは、学校教育の目的や目標を達成するために、教育の内容を児童の心身の発達に応じ、授業時数との関連において総合的に組織した学校の教育計画である。

（『小学校学習指導要領解説　総則編』平成20年8月、文部科学省）

また、各学校で教育課程を編成する際の一般方針として、学習指導要領の総則では、次のように定めています。

各学校においては、教育基本法その他の法令並びにこの章以下に示すところに従い、児童の人間として調和のとれた育成を目指し、地域や学校の実態及び児童の心身の発達の段階や特性を十分考慮して、

表1　小学校の教科等の種類と配当学年

教科等	国語	社会	算数	理科	生活	音楽	図画工作	家庭	体育	道徳	外国語活動	総合的な学習の時間	特別活動
配置学年	1-6	3-6	1-6	3-6	1,2	1-6	1-6	5,6	1-6	1-6	5,6	3-6	1-6

表2　中学校の教科等の種類と配当学年

教科等	国語	社会	数学	理科	音楽	美術	保健体育	技術・家庭	外国語	道徳	総合的な学習の時間	特別活動
配置学年	1-3	1-3	1-3	1-3	1-3	1-3	1-3	1-3	1-3	1-3	1-3	1-3

出典：表1、表2とも、学校教育法施行規則別表第一、別表第二より作成

適切な教育課程を編成するものとし、これらに掲げる目標を達成するよう行うものとする。

（小学校学習指導要領第1章　総則）

(1) 小学校、中学校における教科等の構成

各学校では、これらの規定にのっとって教育課程を編成することになります。そこで、まずはじめに教育課程の基準がどのような構成となっているのかを確認しておきたいと思います。教育課程基準のうち、教育課程を構成する教科等の種類、配当学年及び授業時数は学校教育法施行規則で定められています。

小学校及び中学校の教科等の種類と配当学年は、**表1、2**のとおりです。

この教科等の配置や名称から確認できることは、これまでの改訂の経緯や教育実践の積み重ねの中で、学校種ごとに教育課程の基準が設定されてきたことです。小学校の生活科は1・2年に配置され、社会、

表３　学習指導要領における各教科等の内容の区分

	小学校						中学校		
学年	1	2	3	4	5	6	1	2	3
国語	A 話すこと・聞くこと B 書くこと C 読むこと 〔伝統的な言語文化と国語の特質に関する事項〕		A 話すこと・聞くこと B 書くこと C 読むこと 〔伝統的な言語文化と国語の特質に関する事項〕		A 話すこと・聞くこと B 書くこと C 読むこと 〔伝統的な言語文化と国語の特質に関する事項〕		A 話すこと・聞くこと B 書くこと C 読むこと 〔伝統的な言語文化と国語の特質に関する事項〕	A 話すこと・聞くこと B 書くこと C 読むこと 〔伝統的な言語文化と国語の特質に関する事項〕	A 話すこと・聞くこと B 書くこと C 読むこと 〔伝統的な言語文化と国語の特質に関する事項〕
社会			A、B、Cといった内容の区分は設けられていない		左に同じ	左に同じ	〔地理的分野〕、〔歴史的分野〕、〔公民的分野〕		
算数／数学	A 数と計算 B 量と測定 C 図形 D 数量関係 〔算数的活動〕	A 数と計算 B 量と測定 C 図形 D 数量関係 〔算数的活動〕	A 数と計算 B 量と測定 C 図形 D 数量関係 〔算数的活動〕	A 数と計算 B 量と測定 C 図形 D 数量関係 〔算数的活動〕	A 数と計算 B 量と測定 C 図形 D 数量関係 〔算数的活動〕	A 数と計算 B 量と測定 C 図形 D 数量関係 〔算数的活動〕	A 数と式 B 図形 C 関数 D 資料の活用 〔算数的活動〕	A 数と式 B 図形 C 関数 D 資料の活用 〔算数的活動〕	A 数と式 B 図形 C 関数 D 資料の活用 〔算数的活動〕
理科			A 物質・エネルギー B 生命・地球	A 物質・エネルギー B 生命・地球	A 物質・エネルギー B 生命・地球	A 物質・エネルギー B 生命・地球	〔第１分野〕、〔第２分野〕		
生活	A、B、Cといった内容の区分は設けられていない								
音楽	A 表現 B 鑑賞 〔共通事項〕		A 表現 B 鑑賞 〔共通事項〕		A 表現 B 鑑賞 〔共通事項〕		A 表現 B 鑑賞 〔共通事項〕	A 表現 B 鑑賞 〔共通事項〕	
図画工作／美術	A 表現 B 鑑賞 〔共通事項〕		A 表現 B 鑑賞 〔共通事項〕		A 表現 B 鑑賞 〔共通事項〕		A 表現 B 鑑賞 〔共通事項〕	A 表現 B 鑑賞 〔共通事項〕	
家庭／技術・家庭、家庭分野					A 家庭生活と家族 B 日常の食事と調理の基礎 C 快適な衣服と住まい D 身近な消費生活と環境		A 家族・家庭と子どもの成長 B 食生活と自立 C 衣生活・住生活と自立 D 身近な消費生活と環境		
技術家庭／技術分野							A 材料と加工に関する技術 B エネルギー変換に関する技術 C 生物育成に関する技術 D 情報に関する技術		
体育／保健体育	A 体つくり運動 B 器械・器具を使っての運動遊び C 走・跳の運動遊び D 水遊び E ゲーム F 表現リズム遊び		A 体つくり運動 B 器械運動 C 走・跳の運動 D 浮く・泳ぐ運動 E ゲーム F 表現運動 G 保健		A 体つくり運動 B 器械運動 C 陸上運動 D 水泳 E ボール運動 F 表現運動 G 保健		〔体育分野〕 A 体つくり運動 B 器械運動 C 陸上運動 D 水泳 E 球技 F 武道 G ダンス H 体育理論		A 体つくり運動 B 器械運動 C 陸上競技 D 水泳 E 球技 F 武道 G ダンス H 体育理論
							〔保健分野〕 A、B、Cといった内容の区分は設けられていない		
道徳	A 主として自分自身に関すること B 主として人との関わりに関すること C 主として集団や社会との関わりに関すること D 主として生命や自然、崇高なものとの関わりに関すること （A～Dのそれぞれについて２学年ごとに項目を配置）						A 主として自分自身に関すること B 主として人との関わりに関すること C 主として集団や社会との関わりに関すること D 主として生命や自然、崇高なものとの関わりに関すること		
外国語活動					A、B、Cといった内容の区分は設けられていない				
外国語							A、B、Cといった内容の区分は設けられていない		
総合的な学習の時間			A、B、Cといった内容の区分は設けられていない				A、B、Cといった内容の区分は設けられていない		
特別活動	〔学級活動〕〔児童会活動〕〔クラブ活動〕〔学校行事〕						〔学級活動〕〔生徒会活動〕〔学校行事〕		

出典：小学校学習指導要領、中学校学習指導要領（平成20年３月）より作成

理科は3学年から中学校3学年まで配置されています。

小学校家庭科は、5・6学年に配置され、中学校の技術・家庭の家庭分野につながります。技術分野は中学校から開始される学習内容です。これらの教科構成は、教育課程基準として定められている点で既定のこととされますが、9年間を一貫した教育課程の編成やその系統性を考える場合、前後の学年のつながりをどう考えるかが問われます。

(2) 各教科等の内容の区分

次に、学習指導要領において、各教科等の内容がどのように区分して設定されているかを整理したのが、**表3**です。この表から確認できることは、教科等によって内容のまとまりの区分が異なっていることです。

小・中学校を通じて、1学年ごとの区分設定となっている教科は、算数、数学のみであり、それ以外の教科は、複数学年ごとであったり、中学校のみ1学年ごとであったりします。小学校において、最も共通性が高い区分は2学年ごとの区分であり、中学校は教科によって異なっています。

ここで示される教科等の内容の学年区分は、当該教科の特性を踏まえたものであったり、各学校における教育課程編成の裁量の余地を広げる点に趣旨があったりして設定されています。小学校の国語、社会、音楽、図画工作、家庭、体育については、平成元年及び平成10年の学習指導要領の改訂において、大綱化や弾力化の観点から複数学年の内容をまとめて示すことが行われました。

これらの内容の学年区分をそのまま小中一貫教育の教育課程の編成に当てはめて考えることにはやや無理がありますが、何らかの示唆を及ぼすと考えます。例えば、小中一貫教育校における学年段階の区分を設ける際に、4―3―2という区分が比較的多く提起されています。また、そのような実践事例が見られます。

4―3―2の区分の場合、最初の4学年はおおむね学習指導要領の区分とも合致していますが、次の3年は、元来小学校、中学校の教育課程を前提に設定された区分を超えて接続することになります。仮に5―4の場合は、5学年と6学年の間に区分を設けることになり、しかも6学年と中学校との接続を工夫することが必要となります。

教育課程の基準では、6―3と設定されている区分を、あえて4―3―2や5―4の区分とする場合、より積極的な教育的意義を設けることが求められます。一般に教育課程の編成に当たっては、その目標とともに、これを実現するための指導計画が作成されます。4―3―2や5―4を教育課程編成の区分とした場合、区分ごとの教育目標やその目標の実現を目指す指導計画が各教科等ごとに作成される必要があります。

(3) 学年段階の区分設定の意味付け

小中一貫教育校において、教育課程の編成の前提となるのは、あくまでも小学校学習指導要領、中学校学習指導要領であり、課程の修了も原則として小学校、中学校ごとに行われます。このような教育課程編成の基本にもかかわらず、学年段階に区分を別に設けるのはどのような理由と意図からでしょうか。

取組の事例を見ると、各区分の特色を記述する用語として様々なものが見られます。「基礎・基本の獲得期」「基礎・基本の習得と活用期」「学びの充実期」「学びの発展期」といったように、学習面に着目したと想像される区分があります（京都市立御池中学校ブロック）。

また「学習基盤の構築」「小学校から中学校へのスムーズな移行」「自立した社会人の基礎・土台づくり」といったように、学習面だけでなく、当該区分における適応や発達課題をあげて区分の特色としている例もあります（秋田市立岩見三内小・中学校）。

さらに、「繰り返し習熟を図る〈反復期〉」「論理的思考力を養う〈活用期〉」「個性の伸長を図る〈発展期〉」といったように、学習面、能力面、発達課題等の面から区分を意味付けた取組も見られます（呉市立呉中央学園）。

これらの区分の意味付けの例からうかがえることは、学年段階の区分の意味付けには学習面、生活面、発達課題等の用語が様々に用いられていることです。要は、**学年段階の区分の意味付け方には幅があり、それぞれの学校ごとの児童生徒の実態等を踏まえた設定がなされている**ことがうかがわれます。また、この各区分の教育的意味やねらいを実現すべく、指導の重点などを明確にしている取組事例が見られます。

また、6―3とは異なる学年段階の区分を用いることによって、小学校と中学校との接続の円滑化を図るとの趣旨もあると考えます。特に、この接続部分に当たる区分では、教科担任制を実施したり、乗り入れ授業を行ったり、児童生徒の積極的な交流を促したりする取組が行われ、中学校における学習や生活との融合が見られます。

ただ、このような趣旨の場合、それは6―3の接続の円滑化を目指すという意味において、あくまでも6―3の制度が前提になっており、6―3に代わる新しい積極的な学年段階区分の提起につながるのかどうかは検討を要することです。接続の円滑化を趣旨とする場合、6―3制度を前提にしながら、6年の後期2年をそのために用いる工夫も考えられます。

以上見てきたように、教育課程基準の内容及び取組事例から確認できることは、**学年段階の区分を教育課程編成の区分として厳格に用いることは現実的ではなく、指導の重点や指導体制（教科担任制、乗り入れ授業等）の特色付け、学校生活の課題克服といった教育課程の運営における工夫として用いることが妥当である**と考えます。

学年段階区分の設定は、実際の運用経験を積み重ねる中で教育効果を検証し、定着の姿を求めていくことが重要と考えます。その際、学校規模や一貫教育校としての出自、学年段階の区分に基づく教育活動を実施していくための分掌組織との関連等も視野に入れた検証を進めることが必要と考えます。

おわりに―今後の課題

先導的事例からうかがわれる小中一貫教育の成果と今後の課題について、教育課程の側面から次の5点を指摘したいと思います。

①小中一貫教育の取組は、教育指導と児童生徒の学習を9年間のスケールで計画し、実施していく道を切り開いたことです。

これまでは、小学校、中学校と別個に教育課程を編成し、各教科等の指導計画として具体化してきました。一貫教育校においては、それぞれの地域や学校の特色を生かしながら、見通し、つながり、系統、関連、重点化等の形で教育活動の効果的な展開を追求しています。

②9年間を6―3の教育課程の区分と並んで、その実施運用面で様々な取組を行い、学習と指導の面での接続の円滑化を図っていることです。

教科担任制や乗り入れ授業、児童生徒の交流、学習評価の工夫、時間割の工夫等です。これらは学年段階の区分と併せて小中一貫教育の大きな特色となっています。ただ、教科担任制や乗り入れ授業を実施するためには、教員の配置や構成等一定の条件が必要と考えられます。

③今後求められることは、9年間を見通した系統性、一貫性を踏まえた教育課程の編成と実施の一層の充実です。

既に、各教科等ごとに系統性や一貫性を踏まえた構造化や整理がなされていますが、これらを少なくとも各学年の年間指導計画等に具体的に示していく道筋を更に検討していくことが必要と考えます。一貫性や系統性の具体化は、各学年の指導計画に具体化され、また、各単元の指導として具体化されることが大切です。

④児童生徒理解、指導方法や指導体制の工夫改善を進め、全ての児童生徒に確かな学力を身に付けさせる取組を進めることです。

これまでも様々な取組が進められ、成果も上がってきていますが、9年間を見通したとき、例えばつまずきがちな内容の把握やその指導の仕方、指導体制、追跡的な指導の仕組みづくりなどを学校が一体となって進めていくことが重要と考えます。また、9年間を通じて、一人一人の個性を一層伸ばす仕組みについても検討が求められるでしょう。

⑤教科等ごとに学習状況を把握するこれまでの仕組みと同時に、教科横断的な能力、汎用的能力の育成方策や評価の在り方について実践的な研究の進展を期待したいと思います。

思考力や判断力、表現力、課題設定力、問題解決力等、現在課題とされている能力の育成を、9年間を見通して育成するカリキュラムはどのようにしたら可能か、これまで教科等ごとに作成されてきた指導計画と全体計画との関連、評価の在り方なども含めた研究が必要と考えます。

〈参考文献〉河原国男・中山迅・助川晃洋編著『小中一貫・連携教育の実践的研究―これからの義務教育の創造を求めて―』（平成26年3月、東洋館出版社）

第3節　学校の組織と運営

はじめに

学校の組織と運営は、学校が教育の成果を上げるために重要な鍵であることは言うまでもないことです。今後、更に小中一貫教育の取組が増加すると見込まれますが、新たに小中一貫教育を行おうとする学校や教育委員会においては、従来の小学校、中学校単独のときとは異なる、小中一貫教育にふさわしい学校の組織と運営の検討が課題となります。

小中一貫教育の制度化について答申を行った平成26年12月の中央教育審議会の答申は、文部科学省が同年夏に実施した「小中一貫教育等についての実態調査」（以下、実態調査）の結果から、学校の組織と運営に関わり、次のように指摘しています。

①小中合同での校務分掌、学校事務の共同実施、計画的・継続的な合同会議や職員会議、小中全体での年間行事予定表の作成、合同研修の実施、相互の授業参観の実施等の事項については取組に相当の差があるが、施設一体型、施設隣接型、施設分離型の順で実施率が高い。校長については、校長が一人の場合、学校ごとに校長がいるが総合調整を担う校長がいる場合、学校ごとに校長がいるが適宜連携している場合の順に実施率が高いことから、施設の一体性が高く、指揮系統が一本化されている方が取組の一体性が高まっている。[1]

②また、実態調査で行っている小中一貫教育の成果指標についてのクロス分析でも、施設の一体性が高く、指揮系統が一本化されている方が成果は高いことを示している。[2]

この2点からは、小中一貫教育の成果を上げるための方向性として、施設の一体性が高く、指揮系統が一本化されている状態、つまり施設一体型の校長一人体制の小中一貫教育校を整備することが示唆されますが、それはどこでも直ちに整備できるものではありません。

実態調査の結果を見ても、そのような小中一貫教育校は、全体の1割にすぎません。しかも、施設一体型であっても、また校長一人体制であっても、小中間の取組の一体性が必ずしも高いとは言えない学校があることも、実態調査結果は示しています。[3]

したがって、小中一貫教育にふさわしい学校の組織と運営の検討に際しては、学校が置かれた様々な条件の下での組織と運営の実態について、より詳細な情報が求められます。

そこで本節では、本調査研究で先導的事例として取り上げた訪問調査校を対象に検討を行い、小中一貫教育が成果を上げるための組織と運営の在り方について考察します。

1　中央教育審議会「子供の発達や学習者の意欲能力等に応じた柔軟かつ効果的な教育システムの構築について」（答申）第1章第2節4「施設の形態とマネジメント体制」を抜粋。
2　文部科学省「小中一貫教育等についての実態調査の結果」106～113ページ、130～138ページ。
3　例えば、小中合同の校務分掌については、施設一体型では36%の小中一貫教育校で、一人の校長が小中学校を兼務の場合25%の小中一貫教育校において合同で実施していない。

1. 訪問調査校の教職員体制

(1) 本節における施設の形態の扱い

実態調査における校舎の設置状況の分類では、「施設一体型」、「施設隣接型」、「施設分離型」、「その他」を設定しており、「その他」には施設一体型と施設分離型が併存している場合が含まれます。

訪問調査校26件のうち、稚内市東地区、日野学園、府南学園、玄海中学校区の4件が「その他」に分類されることになりますが、本節の分析では、小中一貫教育の取組状況等から、日野学園を「施設一体型」、それ以外の3件を「施設分離型」として扱うこととします。[4]

この分類の下では、訪問調査校26件のうち施設一体型は18件、施設分離型は8件です。なお、ここで施設一体型に分類した小中一貫教育校の職員室は、全て小中合同であることを付記しておきます。

(2) 校長等の体制

施設一体型では18件のうち3件に、小学校と中学校にそれぞれ校長が配置されています。そのうち飛鳥学園及び呉中央学園では、学園の責任者としての役割を担う校長が決まっており、共に学園長と称しています。高等学校を含めた小中高一貫教育を行う小値賀《おぢか》小・中学校では、特に小中一貫教育校としての責任者を決めていませんが、1学年1学級の小規模校でもあり、日常的に密な連携を図っていることから特に支障はないようです。

実態調査では、15都道府県において小・中学校の校長の兼務に伴う定数削減分を小中一貫教育推進加配として活用していると回答されています。これに関連して、日野学園、村山学園、東山開睛館《かいせい》、とどろみの森学園、東原庠舎《とうげんしょうしゃ》中央校、同東部校、同西渓校において、副校長や教頭が加配されています。

さらに、日野学園及び村山学園では、統括副校長という新たな職を設けて他の2名の副校長との職の分化を図り、学校をより組織的に機能させる対策を取っています。また、東山開睛館、東原庠舎中央校、同東部校、同西渓校は、この加配により校長―副校長―教頭という体制となりました。湖南学園や北山《ほくざん》校でも同様の体制です。

4　稚内市東地区は、施設一体型と施設分離型の併用であるが、稚内東中学校と稚内東小学校は渡り廊下で接続されているものの体育館同士の接続であり、職員室も別であり、本節で分析する他の施設一体型（校舎の接続）のような校舎間の行き来の利便性が高くないこと、更に調査訪問時には乗り入れ授業が行われていないため、施設分離型としての性格が強いことから、本節では、施設分離型として扱う。

日野学園は、第3章第2節に示すように、「施設一体型小中一貫校」と「施設分離型連携校」という二重の性格を持っているが、後者の関係にある小学校3校とは乗り入れ授業等は実施しておらず、施設一体型としての性格が強いことから、本節では施設一体型として扱う。

また、府南学園（第3章第6節参照）は、南小学校のみ施設隣接型であり、他の3小学校は施設分離型であるため、施設分離型として扱う。

さらに、玄海中学校区では、玄海中学校と玄海小学校は施設一体型となっているが、乗り入れ授業を玄海東小学校や地島小学校とも計画的に行っており、小学校3校間の連携を重視した取組を行っているので、施設分離型として本節では分析する。

なお、長崎県小値賀地区の小値賀小・中学校については、小中高一貫教育の取組である。このため、他事例との比較の可能な範囲で分析対象とする。

このようなライン体制を強化し、組織的に機能させるやり方は、小中一貫教育校の組織上の重要な動きとして注目する必要があります。

一方、施設分離型においても8件のうち5件（63％）で、小中一貫教育の責任者として役割を果たす校長を定めています。なお、全国の施設分離型において、小中一貫教育の責任者として役割を果たす校長を定めている割合は10％にとどまります。したがって、指揮系統が一本化されている学校の割合が高いことも訪問調査校の特徴の一つです。

（3）兼務発令

実態調査では、教職員の兼務発令の状況について、「一部の教職員が兼務発令されている」が55％で最も多く、次いで「兼務発令されていない」が35％、更に「全教職員が兼務発令されている」8％の順でした。

これに対して、訪問調査校については、教職員の兼務発令が「なし」、「一部」、「全員あるいはほぼ全員」の3区分で整理しました。その結果、施設一体型では18件のうち13件（72％）が「全員あるいはほぼ全員」でした。さらに、施設一体型では「なし」は皆無でした。一方、施設分離型については、「全員あるいはほぼ全員」は1件（13％）のみであり、「一部」が4件（50％）、そして「なし」が3件（38％）です。

したがって、施設一体型では兼務発令は積極的になされているが、施設分離型では限定的であることが分かります。

訪問調査校での聞き取りによると、兼務発令の理由は大きく二つあります。

表1　施設分離型における乗り入れ授業と兼務発令

		兼務発令		
		なし	一部	全員あるいはほぼ全員
乗り入れ授業	あり	府南学園（5）	京都御池中学校ブロック（3） 和庄中学校区（4） 玄海中学校区（4） 富士校（2）	連雀学園（4）
	なし	稚内市東地区（3） 大原中ブロック（3）		

注：各校の訪問調査資料より作成。学校名の後の数字は校長数。稚内市東地区、府南学園、玄海中学校区の施設形態の分類については、注4を参照

一つは、可能な限り全員に発令する場合で、これは全教職員が一丸となって取り組めること、あるいは一丸となって取り組む姿勢を明確にできることが理由です。もう一つは、乗り入れ授業を行う教員に対してのみ兼務発令を行う場合で、授業の乗り入れに必要であるから行うというものです。もっとも、ティーム・ティーチング（TT）のサブティーチャー（補助的教員、T2）については、兼務発令が必ずしも必要でないため、兼務発令を行わないで乗り入れ授業を行っているケースもあります。[5]

なお、施設一体型では、訪問調査校全てにおいて乗り入れ授業（小中教員のTTを含む）を実施していますが、施設分離型では、乗り入れ授業を行っていない場合もあります。**表1**に施設分離型における乗り入れ授業の有無と兼務発令の関係を示します。

2. 学校組織と小中一貫教育推進体制

小中一貫教育の成果を上げるためには、小学校と中学校の教職員が協

5　表1の府南学園が該当する。府南学園では、中学校の体育の教員が小学校1校（中学校に隣接する小学校）で、サブティーチャーとして乗り入れ授業を行っている。また、以前は、府南学園の全教職員に兼務発令を出していた時期もあった（第3章第6節）。

働する体制づくりが重要となりますが、協働する体制づくりは、校舎がつながった施設一体型と校舎が離れている校舎分離型では、当然のことながら大きな違いがあります。

実態調査では、「はじめに」で触れたように、小中合同での校務分掌、学校事務の共同実施、計画的・継続的な合同会議や職員会議等について、施設形態別の実施状況を明らかにしています。

例えば、「小中合同の校務分掌」では、施設一体型が64％で「合同で分掌している」としているのに対して、施設分離型では、その値はわずか3％です。「小中の合同職員会」については、施設一体型の実施率は84％であるのに対して、施設分離型は25％です。これらの項目では60ポイント程度の開きがあります。

一方、「計画的・継続的な小中合同会議」の実施率については、施設一体型が97％であるのに対して施設分離型は86％であり、また、「小中の合同研修の年間にわたる計画的・継続的な実施」の実施率は、施設一体型97％に対して施設分離型91％となっており、これらの開きは大きくありません。

以上を踏まえると、**施設一体型の場合には、同じ校舎にいる教職員が小中合わせた全体の校務をどのように分担するか、施設分離型の場合は小学校と中学校が会議等を通じてどのように連携を図るかが、体制づくりの鍵となる**のではないでしょうか。

そこで、以下この点に絞り、訪問調査校の実態を整理・検討します。

（1）施設一体型における校務分掌

各小中一貫教育校の校務分掌組織に関わる資料を整理すると、校務分掌組織は、およそ次の3

表2　施設一体型における校務分掌と兼務発令

		兼務発令			
		一部	全員あるいはほぼ全員		
校務分掌	合同	豊里小・中（1） 呉中央学園（2）	日野学園（1） 村山学園（1） 東山開晴館（1） とどろみの森学園（1）	富雄第三小中（1） 湖南学園（1） 梼原学園（1） 北山校（1）	東原庠舎中央校（1） 東原庠舎東部校（1） 東原庠舎西渓校（1）
	並列	岩見三内小・中（1） 飛島学園（2）	府中学園（1） 土佐町小・中（1）		
	個別	小値賀小・中（2）			

注：各校の訪問調査資料より作成。学校名の後の数字は校長数。日野学園、小値賀小・中の施設形態の分類については、注4を参照

種類に分類することができます。

①合同タイプ

校務分掌が小中合同（一つの編成）となっているもの

②並列タイプ

小中で同じ校務分掌組織を編成し、それぞれに担当が置かれているもの

③個別タイプ

小中が別々の校務分掌組織となっているもの

この結果を、**表2**に兼務発令の状況とのクロス表の形で示します。訪問調査校（施設一体型）の中では、「合同タイプ」が13件と最も多く、「並列タイプ」は4件、そして「個別タイプ」は1件のみです。

「並列タイプ」には、学年段階の区切りで6―3を採用する府中学園、小中一貫教育校というよりも小中併設校としての認識を強くもっている岩見三内小・中学校、校長が小中それぞれに配置されている飛島学園が含まれています。「個別タイプ」は小値賀小・中学校です。

また、「合同タイプ」には、特徴のある校務分掌組織があります。

第一に、副校長や教頭が加配され、副校長や教頭が3名体制になっている場合、校長の下で幾つかの校務分掌の責任者として分担する仕

表3　施設分離型小中一貫教育校における推進組織

学校名	小中一貫教育のための主な会議
稚内市東地区 （稚内東中、稚内東小、声問小）	小中一貫教育推進委員会（各校の管理職が集まる役員会は毎月開催）の下で、全教職員による年５回の「小中一貫教育の日」（授業公開、研究協議、分掌会議、実践発表等）を開催。事前に３校の分掌部長会議を開催。
八潮市立大原中ブロック （大曽根小、大原小、大原中）	市の小中一貫教育推進委員会の４部会に対応して、全教職員を分け、３校の全体研修会（年７回）と部会別の研修会（年５回）を開催。
三鷹市小・中一貫教育校連雀学園 （第四小、第六小、南浦小、第一中）	各校の校務分掌を揃え、各分掌担当管理職（校長ないし副校長）が各校の分掌主任等による学園分掌部を組織し、定期的に連絡協議会を開催。学園管理職会は毎月開催。学園研究会を年７回開催。
京都市立京都御池中学校ブロック （御所南小、高倉小、京都御池中）	運営委員会、学力向上委員会、小中交流委員会からなる推進組織（OGTプロジェクト）を構成。その会議は年間７回開催（毎回事前に、校長から教務主任までの推進委員会を開催）。６年生教員を中学校の校務分掌に位置づけ。
呉市和庄中学校区 （和庄中、和庄小、本通小、長迫小）	小中一貫教育推進協議会を設置し、各校の校長、教頭、コーディネーターによる会議を月１回開催。学力向上と生徒指導に関わる５部会による研究を実施。小中一貫教育研究会を年３回、教務主任協議会を年３回開催。
府中市立府南学園 （第一中、国府小、栗生小、旭小、南小）	府南学園小中一貫教育推進協議会（会長は中学校長、副会長は各小学校長）を年数回開催。年間10回（各校２回）の研究授業及び研究協議会。各校の教頭からなる事務局会は月１回開催。
宗像市立玄海中学校区 （玄海小、玄海東小、地島小、玄海中）	小中一貫教育推進委員会（校長、教頭ほか）月１回開催。それを受けて、運営部会と研究推進部会を開催。
佐賀市立小中一貫校富士校 （富士小、富士中）	小中一貫教育研究推進委員会を設置。全教職員が分かれて所属する教科部会と同じく全教職員が分かれて所属する専門部会を各月１回、また、全体会・合同研修会を年10回開催。
【参考】長崎県小値賀地区 （小値賀小、小値賀中、北松西高）	年１回の小中高一貫教育地区推進委員会では、１年の報告を行う。教委も含めた関係者全員の合同会議を年３回、学力向上部等の部会を年10回程度開催。また、授業を見合う研究授業週間を設けている。このほか、全校の校長・教頭会は毎月開催。

注：長崎県小値賀地区は小中高一貫教育の取組であるため、参考として示した。稚内市東地区、府南学園、玄海中学校区の施設形態については、注4を参照
出典：各校の訪問調査資料より作成

組みを採っているケースがあることです。いわば校長を頂点とするピラミッド型の校務分掌組織であり、日野学園やとどろみの森学園が該当します。大きな組織を機能的に分担して管理する工夫です。

第二に、主要な校務分掌について、学年段階の区切りごとに担当を配置し、学年段階の区切りごとに業務の実施を明確にするケースであり、例えば呉中央学園が該当します。

第三に、学年段階の区切りごとの責任者や代表者の配置です。ブロック長などと呼ばれ、日野学園、村山学園、湖南学園等多くで配置されていることが確認できます。[6]

（2）施設分離型における小中一貫教育推進体制

施設分離型の場合には、離れている小学校と中学校をいかに連携するか、その組織

づくりが大切となります。そこで、**表3**に各訪問調査事例における主要な小中一貫教育推進組織の名称と会議開催頻度を整理しました。

施設分離型8件全てに、「小中一貫教育推進委員会」などの小中一貫教育推進組織が設けられています。

その特色の第一は、小学校と中学校の全教職員による協議会、研究会、研修会等の会議を年に数回実施していることにあります。中には、全ての教職員が、月1回以上他学校種の教職員と顔を合わせているケースもあります。[7]

第二は、大多数の小中一貫教育推進組織において小中一貫教育の実践研究を進めており、それに合わせて外部への発表の機会を持っていることです。

例えば、都道府県教育委員会の指定を受けた実践研究は、稚内市東地区、府南学園、小値賀地区、[8]市教育委員会の指定を受けた実践研究は、大原中ブロック、和庄中学校区、玄海中学校区、富士校があります。このように、実践研究が小中一貫教育の推進の原動力となっていることがうかがえます。

6　校務分掌組織については、各校の学校要覧等に掲載された組織図等を中心に検討をしている。入手資料に粗密があり、必ずしも全校一律な資料分析となっていない。
7　佐賀市立小中一貫校富士校は、小学部と中学部が4・5㎞離れているが、佐賀市教育委員会から小中一貫校に指定された平成26年度には、立ち上げの時期であることもあり、会議を全教職員で頻繁に持った。
8　長崎県小値賀地区は、小中高一貫教育の実践研究の成果を紀要に取りまとめるとともに、毎年、県教育委員会担当者臨席による小中高一貫教育地区推進委員会で発表している。

第三は、施設分離型においては、距離が離れていることから、各校が一体となって小中一貫教育の取組を実践することは容易でないと考えられますが、それを克服する体制づくりが行われていることです。その代表格が連雀学園でしょう。

連雀学園では、第3章第3節で示すように、学園内の校務分掌組織を持ち、しかも各学校の校務分掌組織とつながりを持たせています[9]。そして、学園の運営に対しては、学園全体の学校運営協議会である「コミュニティ・スクール委員会」で学校関係者評価並びに様々な協議が行われます。

また、稚内市東地区や玄海中学校区[10]でも各校の校務分掌を共通にしていますが、それにより研究協議における話合いが円滑に進む、協議結果を各校の取組に反映しやすい、同じ校務分掌同士の連絡等が容易になるなどの効果があると考えられています。

このほか、一部の学校においては、小中一貫教育を推進するために、校務分掌組織を小中一貫教育推進組織に合わせて部分的に組み直していることも付記しておきたいと思います[11]。

第四は、校長や教頭同士の情報交換や意思疎通の機会が頻繁に持たれていることです。

必ずしも小中一貫教育推進組織による会議に限定されませんが、表では月1回以上の会合を持つケースが大多数となっており、小中一貫教育の推進にとって管理職同士が話し合うことの重要性を理解することができます[12]。

3．小中一貫教育の取組の段階と条件

（1）小中一貫教育の取組から見た三つの段階

第3章の先導的事例報告を詳細に見ると、施設分離型の小中一貫教育の取組については、まず、小学校と中学校の間でお互いの授業参観と授業研究協議、児童生徒の状況についての情報交換や指導についての相談、小中合同行事の企画・運営等、教職員の積極的な交流が取り組まれている段階（第Iの段階）があります。次いで、日常的な乗り入れ授業に発展している段階（第IIの段階）を見いだすことができます。ここで日常的というのは、施設分離型の各小学校において、少なくとも一学期間、毎週乗り入れ授業が行われている状況を指します。

ところで、日常的な乗り入れ授業を実施している小中一貫教育校のほとんどは、小学校5・6年生で一部にせよ教科担任制を実施しており、第IIの段階は教科担任制の実施の段階でもあります。

これに対して、施設一体型では、訪問調査を行った全ての小中一貫教育校において日常的な乗

9　このような体制は、施設分離型である三鷹市の全学園共通である。三鷹市教育委員会教育部指導課『「三鷹市立学校小中一貫教育校の推進に係る実施方策」解説』2013、4ページには実施方策として示されている。

10　玄海中学校区では、学校評議員を中学校区全体で設け（玄海中学校区学校運営評議員会）、学期ごとの学校評価が行われているが、これも各校の取組の一体化に貢献していると考えられる。

11　例えば、八潮市立大曽根小学校、佐賀市立小中一貫教育校富士校小学部である。

12　施設分離型への聞き取りでは、管理職同士が話合いの機会を十分に持ち話し合うことが、小中一貫教育の推進にとって不可欠であるとの指摘が多くあった。

り入れ授業を行っています。

施設一体型において注目されるのは、それにとどまらず、例えば4―3―2という学年段階の区切りを設けている場合の小学校段階と中学校段階を接続する区切り（小学校5・6年生と中学校1年生）において、小中一貫教育のための先進的な取組を行っているケースがまとまって見られる点です。

具体的には、小学校5・6年生における50分授業の実施、定期試験の実施、成績の5段階評価、そして中学校と一緒に行う部活動などです。これらは、接続する区切りの共通性や一体性を高め、そこでの取組の深化を図るものです。これは、日常的な乗り入れ授業の実施に加えて取り組んでいるという意味で、第Ⅲの段階と見ることができます。

そこで、「日常的な乗り入れ授業」の実施、「5・6年生における50分授業あるいは定期試験」の実施の有無[13]を基準に訪問調査を行った小中一貫教育校の分類を試みると**表4**のようになります。

（2）施設一体型と施設分離型による取組の違いとその要因

同表が示すように、訪問調査校においては、施設一体型において「教職員交流の実施」のみにとどまる小中一貫教育校はありません。また、施設分離型において、「接続する区切りにおける一体性の深化」を行っている小中一貫教育校はありません。したがって全体として、施設分離型よりも施設一体型の方が進んだ取組をしていることが理解できます。

ところで、小学校における教科担任制を小中一貫教育の目標の一つとして掲げている、ある教育委員会では、「施設一体型の校舎が整備できれば、中学校からの乗り入れ授業によって教科担

表4　小中一貫教育の取組の段階

段階	Ⅰ	Ⅱ	Ⅲ
	教職員交流の実施	日常的な乗り入れ授業の実施	接続する区切りにおける一体性の深化
施設一体型		豊里小・中○ 岩見三内小・中 東山開晴館 府中学園 土佐町小・中 梼原学園 東原庠舎中央校 東原庠舎東部校 東原庠舎西渓校 小値賀小・中○	日野学園○ 村山学園 飛島学園○ とどろみの森学園 富雄第三小中○ 湖南学園○ 呉中央学園 北山校
施設分離型	稚内市東地区 大原中ブロック 府南学園 富士校	連雀学園 京都御池中学校ブロック 和庄中学校区 玄海中学校区	

注：段階Ⅲは、少なくとも５、６年生への50分授業あるいは５、６年生への定期試験のいずれかを実施している場合である。稚内市東部地区、日野学園、府南学園、玄海中学校区、小値賀小・中の施設形態の分類については注4を参照のこと。また、学校名の後の○は教育課程特例校であることを示す。
出典：各校の訪問調査資料より作成。

任制は直ちに実現できます。しかし、諸般の事情で施設一体型の校舎の整備は容易ではありません」と述べています。

つまり、施設分離型の第Ⅰの段階にある小中一貫教育校では、施設一体型になることにより、容易に、第Ⅱの段階の「日常的な乗り入れ授業の実施」が可能になると考えられているのです。このことは、**施設分離型と施設一体型ではおのずから、小中一貫教育における取組の条件に大きな差がある**ことを表しています。

また、施設一体型、施設分離型ともに二つのグループに分かれますが、それを分ける要因は何でしょうか。

同表では、平成26年度の教育課程特例校には○印を付していますが、「接続する区切りにお

13　少なくとも、5・6年生への50分授業あるいは5・6年生への定期試験のいずれかを実施していれば該当と見なした。

ける一体性の深化」の第Ⅲの段階の小中一貫教育校には、教育課程特例校が多いことに気づきます[14]。

また、とどろみの森学園及び呉中央学園は、以前、研究開発学校の指定を受けていた学校です。したがって、教育課程研究の経験や現在の実践が、学年段階の区切りを生かした先進的な取組につながっていると考えられます。

一方、施設分離型については、「日常的な乗り入れ授業の実施」を行う小中一貫教育校のうち、連雀学園、京都御池中学校ブロック、和庄中学校ブロックについては、市独自の教員の加配があることに注意が必要です。加配教員によって、乗り入れ授業をする教員の後補充を行ったり、加配教員自身が乗り入れ授業を行ったりしているのです。また、玄海中学校区においては、小中一貫教育に関わる学校間の連絡調整を図るコーディネーターが市費で配置されています。

以上から、施設一体型においても、施設分離型においても、次の段階の取組に進むには、そのための条件整備が欠かせないことが示唆されます。

4. 小中一貫教育の段階と学校組織

続いて、学校組織と小中一貫教育の取組段階の関係を探ることとします。

(1) 施設一体型における関係

兼務発令と校務分掌を示した前掲表2は、小中一貫教育校としての組織の一体化の程度を示していると言えます。表4の施設一体型の取組の欄と照らし合わせると、「接続する区切りにおける一体性の深化」の8件のうち6件は、校務分掌が「合同タイプ」であり、かつ兼務発令が「全員あるいはほぼ全員」です。したがって、訪問調査校の全体の傾向として、取組が進んでいるのは、組織の一体化が進んでいる小中一貫教育校であることが読み取れます。

これに該当しない2件は、校長が2名である飛鳥学園と呉中央学園です。しかし、飛鳥学園については、職員室が小中合同であって、校務分掌が「並列」であっても小学校と中学校の同じ校務分掌の担当者は随時連携ができます。毎週のように小中合同の学園運営委員会が開催され、さらに、月に1回学園職員会議が開催されており、ほぼ一つの学校のような運営体制ができています。

また、呉中央学園については、既に触れたとおり、学年段階の区切りに対応した校務分掌となっており、兼務発令は「一部」にとどまりますが、飛鳥学園と同様に、実質的には一つの学校のような運営体制となっています。

まさに、中央教育審議会答申が言う、「学校ごとに校長が配置されている場合においても、様々な工夫により教職員が一体感を持って一貫教育を行っている例も多くある[15]」とする代表例でしょう。

14 村山学園及び北山校については、小中一貫教育の目標の一つに学力向上を掲げ、その一環として取り組んでいる（村山学園は定期試験の導入、北山校は50分授業及び定期試験）。
15 前掲中央教育審議会答申第1章第2節4「施設の形態とマネジメント体制」11ページ。

(2) 施設分離型における小中一貫教育推進組織と小中一貫教育の取組

次に、施設分離型に目を転じると、前述のように、全ての小中一貫教育校において、小中一貫教育推進組織が設けられ、定期的に取組のための会議が開催されているという点では、「教職員の交流の実施」を中心に取り組む第Ⅰの段階のグループと「日常的な乗り入れ授業の実施」を行う第Ⅱの段階のグループとの違いは見られません。

しかし、訪問調査校の聞き取りからは、総じて、「日常的な乗り入れ授業の実施」を行う小中一貫教育校では、「教職員の交流の実施」を中心に取り組む小中一貫教育校よりも児童生徒の交流活動や地域住民が加わった取組も活発であるという傾向が感じられました。したがって、会議の内容に違いがあるのではないかと考えられますが、この検証も含めた詳細は今後の研究課題にしたいと思います。

5. 学年段階の区切りの運営

(1) 小中一貫教育の取組と成果

実態調査は、成果指標に基づくクロス分析を行い、経過年数、教科担任制の導入、乗り入れ授業の実施、一人の校長体制、6―3とは異なる学年段階の区切りの導入、9年間の教育目標と各教科別のカリキュラムの編成、施設の一体性の7項目がより多くの成果認識に結びついていることを明らかにしています[16]。つまり、小中一貫教育の取組が進んでいるほど成果が見られるということを示しています。

上記の成果認識に関連があるとされる条件のほとんどを備えているのが、教育課程特例校を多く含む、**表4**の「接続する区切りにおける一体性の深化」の第Ⅲの段階にある小中一貫教育校です。中学校1年生と同様の、あるいはそれに近い教育を小学校5・6年生に展開しようとするこれらの小中一貫教育校では、第3章の事例報告を見ても数多くの優れた成果が示されています。

以上を総合すれば、**6―3以外の学年段階の区切りによる取組を推進することによって、より大きな小中一貫教育の成果が得られる**と一般的には考えられますし、実際に認識されているのではないでしょうか。聞き取りを行った多くの訪問調査校では、学年段階の区切りは強く意識されていたこともその現れでしょう。

したがって、**小中一貫教育を推進する学校にとって、学年段階の区切りの検討は避けて通れず、学年段階の区切りをどのように捉え、運営していくかは重要な課題である**と考えられます。

そこで次に、学年段階の区切りの運営実態を概観します。

(2) 施設一体型における学年段階の区切りの実態と課題

まず、施設一体型について、「接続する区切りにおける一体性の深化」の段階にある小中一貫教育校を細かく見ると、例えば、日野学園のように成績評価を中学校と同様に5段階にしたり、中学生と一緒に部活を行っていたりするケースがあります。

飛鳥学園では、5段階評価を検討しましたが、時期尚早として5・6年生は3段階評価にとど

16 注2に同じ。

めています。呉中央学園では、5・6年生で定期試験を行うものの、授業は45分のままです。村山学園も同様です。村山学園では、4—3—2の学年段階の区切りを「低学年部」、「中学年部」、「高学年部」に分けていますが、聞き取りでは、「中学年部」の指導を一律にはできないと述べています。実際、乗り入れ授業や定期試験は5年生から実施していますが、体育の男女別は6年生からの実施、制服は7年生からの導入となっています。

また、施設一体型の「日常的な乗り入れ授業の実施」の第Ⅱの段階にある、ある小中一貫教育校では、異学年交流に関わる全ての活動（体育大会、入学式・卒業式、集会を含む）のうち、3割が全児童生徒による小中合同の活動、4割が学年段階の区切りに対応した活動であり、残り4割は小学校と中学校単独の活動でした。[17]

ここから見えてくるのは、施設一体型の小中一貫教育校においては、必ずしも学年段階の区切りにとらわれない取組の工夫を随所で行っていることです。聞き取りでは、6—3の良さと4—3—2等の学年段階の区切りをうまく生かしながら小中一貫教育を進めることが重要であるとの指摘がありました。

課題については、**全ての訪問調査校において、いわゆる「中1ギャップ」が解消されつつある、あるいは解消されたと言われていますが、その一方で、聞き取りでは新たなギャップが生じている**との指摘がありました。4—3—2の区分における、小学校5年生や中学校2年生段階での不適応傾向の現れです。また、小学校高学年でのリーダー性の伸長が難しいとの意見がある一方、小学校4年生や中学校1年生のリーダー性が高まったとする意見も聞かれました。

このような状況は、学年段階の区切りに基づく指導の結果とも考えられます。今後、小中一貫教育を進める中で、保護者をはじめとする関係者にどのように説明し、この新しい課題にどう応えていくかが必要となります。

(3) 施設分離型における学年段階の区切りの意味

第2節では、教育課程編成の観点から学年段階の区切りについて検討し、指導の重点や指導体制の特色づけとして、用いることが妥当であるとしています。この考え方からすれば、9年間を一つの校舎で過ごす施設一体型においては、9年間の指導にメリハリを付け、指導の効果を上げるという学年段階の区切りの意味は容易に理解できます。

しかし、校舎が離れている施設分離型では、どうでしょうか。これに明快に答えているのが、玄海中学校区のある宗像市です。宗像市は、全市で4―3―2の学年段階の区切りを設けていますが、小学校5年から中学校1年生の時期(中期)を「小・中学校の接続強化期」と呼んでおり、中学校の環境に徐々に慣れさせていく教育を行うとしています。

また、佐賀市立小中一貫校富士校では、小学部(小学校)と中学部(中学校)が数キロメートル離れていますが、同じく4―3―2の学年段階の区切りを設定しています。富士校では、4―3―2の設定の理由は、中期に重点を置く考え方を示したものだと説明しています。実際、**表3**に示すように、富士校としての開校1年目に年間30回を超える研究会が開催されました。**中期を小学**

17 多久市立小中一貫教育校東部校「東部校の取組紹介[資料]」2014、6~7ページを集計した。

部と中学部が一緒に創り上げていくものだという意識を高め、熱心に研究が行われていることは、4－3－2の区分設定の効果だと考えられます。

おわりに

文部科学省の実態調査は、施設形態や校長の体制等が小中一貫教育の取組や成果に結びついていることを明らかにしています。それを小中一貫教育校の組織と運営の全体構造というならば、本節では、訪問調査に基づき、小中一貫教育校の学校の組織と運営の実態を可能な範囲で詳細に把握するとともに、組織と運営の内部構造の一端を探ったことになります。

以下、本節で得られた主な知見に若干の考察を加え、まとめとしたいと思います。

第一に、教職員の兼務発令には、大きく、乗り入れ授業のために教職員の「一部」に発令するケースと、教職員全員で取り組むために「全員あるいはほぼ全員」に発令するケースに分けられること、施設一体型で校長が二人の場合もありますが、組織や運営面の工夫等がなされていること、兼務発令の取扱いの方針には都道府県による違いが見られること等を明らかにしました。

中央教育審議会答申は、「小中一貫教育を制度化し、当該学校で求められる教職員組織を法令上明確化することなどにより、二つの学校段階にまたがる教職員組織を一体的にマネジメントしやすくなる効果が得られることや、都道府県による適切な人事配置を促進しやすくなること等が期待される」[18]としています。

今後、**小中一貫教育の制度化に伴って、兼務発令及び、校長兼務に伴う校長削減分の教員加配**

が現実に拡大していくかは、小中一貫教育校における組織の一体化、ひいては小中一貫教育の取組や成果に影響するだけに注視していく必要があります。

第二に、施設一体型における校務分掌組織は、小中の「合同タイプ」、「並列タイプ」、「個別タイプ」に大別できました。「合同タイプ」の小中一貫教育校の中には、3名の副校長や教頭を校務分掌の責任者として配置したり、学年段階の区切りの責任者（例えば、ブロック長）に配置したりして、大きな組織を分割して管理する工夫が見られます。一方、施設分離型では、小中一貫教育推進組織を設けて、協議会、研究会、研修会等が活発に開催されており、教職員が集まる機会が大切にされています。

小中一貫教育の成果を上げるためには、学校組織の一体性を高めることが重要であり、施設一体型でも、施設分離型でもそのための様々な工夫がなされていることが分かりました。教育委員会だけでなく学校においても、学校組織の一体性を高める検討が重要であると言えます。

第三に、訪問調査校における小中一貫教育の取組は、「教職員交流の実施」、「日常的な乗り入れ授業の実施」、そして「接続する区切りにおける一体性の深化」という3段階に分けることができました。校舎間に距離のある施設分離型は、施設一体型に比べて乗り入れ授業等の取組にとって制約が大きいと言えます。

また、施設一体型、施設分離型とも、次の段階の取組に進むには条件整備が必要であることが

18　前掲中央教育審議会答申第1章第3節1「小中一貫教育の効果的な実施」16ページ。

うかがわれました。新たに小中一貫教育校を整備する場合には、本節の分析を踏まえ、目指す施設形態と取組の段階を検討することが有効と考えられます。

第四に、小中一貫教育の取組の段階が最も進んでいると見られる小中一貫教育校においても、必ずしも学年段階の区切りが徹底された指導等が行われているわけではありません。ここから示唆されるのは、小学校と中学校という従来の指導体制と新たな学年段階の区切りをうまく融合することです。また、施設分離型にとって、学年段階の区切りは校舎の離れた小学校と中学校が協力して取り組むためには重要な意味を持っていることも明らかとなりました。

しかし、その一方で一部の小中一貫教育校には、小学校5年生や中学校2年生段階における不適応傾向の発生等、学年段階の区切りによる指導の課題も指摘されています。したがって、学年段階の区切りの運営の在り方は、小中一貫教育校にとって、今後検討を深めるべき重要なテーマとなると考えられます。

第4節　教育委員会の支援

はじめに

小中一貫教育を実践するに当たって教職員の負担感を軽減し、成果を上げていくためには、様々な条件整備が必要です。現状としては、条件整備を行う教育委員会の推進体制のぜい弱さが指摘される[1]などの課題が見られます。

しかし一方で、教育委員会が学校や地域の実態やニーズを踏まえて積極的な条件整備を行うことで成果を上げている自治体もあります。例えば、文部科学省が平成26年9月に実施した「小中一貫教育等についての実態調査の結果」（以下、実態調査）では、小中一貫教育のこれまでの取組について大きな成果が認められると回答した市区町村は20%、学校は10%ありました。

そこで本稿では、実態調査等から小中一貫教育を実施する上での課題を整理した上で、課題解決を図りながら、小中一貫教育を継続的に推進する上で必要な条件整備を行う教育委員会の支援の在り方を、これまでの自治体における取組から解明します。

1　高橋興著『小中一貫教育の新たな展開』ぎょうせい、平成26年、207ページ

1. 小中一貫教育の課題と教育委員会の対応

文部科学省の実態調査において、小中一貫教育について「大きな課題が感じられる」として指摘された事項の上位10項目は次のとおりです。

・小中の教職員間での打合せ時間の確保（20％）
・教職員の負担感・多忙感の解消（18％）
・小中合同の研修時間の確保（14％）
・児童生徒間の交流を図る際の移動手段・移動時間の確保（13％）
・必要な予算の確保（10％）
・所有免許の関係で兼務発令を拡大できないこと（9％）
・校舎間等の移動に伴う児童生徒の安全の確保（8％）
・学校間の交流を図る際の教職員の移動手段・移動時間の確保（8％）
・都道府県教委の理解・協力・支援の充実（7％）
・施設・スペース（教室、グラウンド等）の確保及び使用時間調整（7％）

上記の項目以外で、「課題が認められる」と回答した割合を合わせて50％を超える項目としては、次の7項目があります。

・9年間の系統性に配慮した指導計画の作成・教材の開発（63％）
・成果や課題の分析・評価手法の確立（61％）
・成果・課題の可視化と関係者間での共有（61％）
・年間行事予定の調整・共通化（57％）
・教職員間での負担の不均衡（57％）
・小中の教職員間の共通認識の醸成（51％）
・小・中学校間のコーディネート機能の充実（50％）

これらをまとめると、人的事項に関する課題、物的・財務的事項に関する課題、教育課程・教育指導に関する課題に整理することができます。

これまで実践を行ってきた自治体において、このような課題に対してどのような条件整備がなされてきているのかということを解明することから、小中一貫教育を円滑に実践していく上で必要な教育委員会の支援の在り方について考察します。

2．人的支援の取組

実態調査において、国に期待していることとしては、教職員の定数上の措置が指摘されています（実態調査において、都道府県では43％、市町村では92％、学校では93％）。このように、国による教職員定数上の措置への期待が高い人的側面での条件整備ですが、実態としては各地方自治体において様々な制度を活用し、人的な側面での条件整備を行っています。

人的な側面での条件整備としては、第一に加配教員の配置が挙げられます。

加配教員の配置の方策としては、小・中学校の校長を兼務としてその定数削減分を加配することや、県費あるいは市費で加配を行うということがあります。小・中学校の校長の兼務に伴う校長の定数削減分を小中一貫推進加配として活用しているのは15都道府県です。

加配教員の活用については多様です。

例えば、三鷹市では、市費で後補充教員を配置しています。また呉市では、特定防衛施設周辺整備調整交付金事業を活用し、小中一貫教育推進加配講師を配置し、中学校の教員が小学校に行き、専門性を生かして乗り入れ授業を行っています。また品川区や武蔵村山市のように、統括副校長を配置するという形で加配を行っているところもあります。

さらに、小中一貫教育を行うコーディネーターとして加配する場合もあります。

例えば、宗像市では市費でコーディネーターを配置し、学校間の連携や調整役を担っています。ただし、このような小中一貫教育を担当するコーディネーターとして加配教員が配置されている自治体は多くはありません。実態調査では、小中一貫教育を行うコーディネーターとして加配している市区町村の割合は、15%にとどまっています。

しかし、実態としては、加配されていないが学校内ではコーディネーター役を指名し業務を行っており（51%）、教員の負担感の一因となっていることが予想されます。このことからも、コーディネーター等の業務に当たる教職員の加配は、定数上の措置として重要な視点と言えます。

第二に兼務発令です。

実態調査の結果では、都道府県において小中一貫教育を推進するための人事上の工夫としては、市区町村教委からの要望に応じて積極的に兼務発令を行うという回答が最も多く23都道府県となっています。また実際、市区町村教委においても73％の自治体において小中一貫教育の推進目的で教職員の兼務発令が行われていることが実態調査から分かっています。このように、小中一貫教育を実施している自治体においては、教職員の兼務発令を行っている自治体が比較的多いことが分かります。

兼務発令のやり方も様々です。

実態調査においても、一部の教職員が兼務発令されている学校の割合は55％に対し、全教職員が兼務発令されている学校の割合は８％にとどまっています。例えば、三鷹市や多久市のように自治体内の学校全体で行っている場合には、小・中学校の全教員に兼務発令を行っている場合が多いのですが、武蔵村山市、佐賀市などのように一部の学校で実施している場合は、乗り入れ授業を行う教員のみに兼務発令を行っている場合が多いのです。また品川区や京都市などのように自治体内の全ての学校において実施しながらも一部の教員だけに兼務発令をしている自治体もあります。

第三に人事配置の方法です。

小中一貫教育を行う上では、小中一貫教育を理解していることが重要です。そこで幾つかの自治体においては、小中一貫教育に特定したものではないにしても、様々な制度を活用して、その自治体への着任を希望する教員を優先的に配置するための施策を講じているところがあります。

例えば、三鷹市では、東京都教育委員会のコミュニティ・スクール公募制度を活用し、三鷹市の教育に理解を示し、積極的・主体的に推進していく意欲と実践力のある教員を公募しています。また、京都市においても公募制やＦＡ制という方法を導入し、学校の特色や教員の資質能力、専門性、希望が合致するような教員を配置することが可能な取組を実施しています。

3. 物的・財務的支援の取組

施設一体型と施設分離型によって、学校間の空間的な距離が異なるため、物的・財務的な支援において必要な条件整備は異なります。施設分離型においては、学校間の距離があるため、学校間を移動する教員や子供たちの移動手段や時間的な確保、安全性の確保が課題として指摘されています。

実態調査においても、児童生徒間の交流を図る際の移動手段・移動時間の確保（大きな課題が認められる13％、課題が認められる33％）、学校間の交流を図る際の教職員の移動手段・移動時間の確保（大きな課題が認められる8％、課題が認められる35％）が課題として指摘されています。また、校舎間等の移動に伴う児童生徒の安全確保も30％（大きな課題が認められる8％、課題が認められる22％）となっており、校舎間の移動等に関係する条件整備や環境整備は重要な課題と言えます。

このような空間的な距離に伴うデメリットを軽減するために、校務支援システム等の情報ネットワーク環境の整備は一つの取組と言えます。

例えば、三鷹市では、校務支援システムを整備し、管理職や小中一貫教育コーディネーターの情報交換や情報共有等を日常的に図り会議等の回数を減らす工夫がなされています。また、宗像市のように、乗り入れ授業や合同授業、会議などの活動を行う際の移動手段の確保のために公用車の配備をしている自治体もあります。また、稚内市の東地区では、隣接していない学校との交流を図るために公用車を提供しています。

一方で施設一体型においても、空間的な距離は近くても意識の共通化を図っていくことは重要な課題です。実態調査においても、小中の教職員間の共通理解の醸成は、大きな課題があると回答した自治体は51％あり、校内において共通理解を図っていくための取組が重要であると言えます。

例えば、小中で合同の職員室を設けるなど、小・中学校の教員がコミュニケーションをとり、情報共有を図ることができるような施設面での条件整備を行うことも重要な取組です。施設一体型での校舎の場合は、合同の職員室を設置している場合が大多数（90％、学校施設の在り方に関する調査研究協力者会議報告書）です。[2] その意味では、小中一貫教育を導入するに当たり**新校舎を建設する場合には、職員室の設計などにおいても小・中学校間の共通意識の醸成や情報交流及び情報共有などを促進するための条件整備を検討することが重要**と言えます。

このような物的な条件整備を行うためには、財政的な条件整備が不可欠です。

2　学校施設の在り方に関する調査研究協力者会議『小中一貫教育に適した学校施設の在り方について～子供たちの9年間の学びを支える施設環境の充実に向けて～』平成27年7月、10ページ

小中一貫教育の場合、小・中学校が合同で行う活動も多くあることから、財政面でも小・中学校が合同で行えることは重要な条件整備です。また同時に、小・中学校が共通の教育目標を持って、合同で教育活動を行っていくための条件整備として、学校事務の共同実施も重要な一つの手段です。

実態調査でも、小中一貫推進のための学校事務の共同実施は26％、小学校費、中学校費の一体的な運用の推進は13％と、調査項目中最下位とその次に少ない回答になっています。小・中学校が、財政面において小中合同で行うことにより効果的な財政運用が可能となる効果もあることから、このことについても学校への支援として今後検討することも重要な視点であると言えます。また、合同での財政運用を行うための学校の事務の共同実施の体制整備についても検討することが重要です。

4. 教育課程・教育指導に関する支援の取組

小中一貫教育を行うためには、9年間の一貫性のある教育課程の編成や教授活動の展開が重要です。そのような教育課程や指導方法、教材等の研究開発のための条件整備をすることも必要です。そのために、指導主事による学校訪問での指導助言などの学校内での研修機能の強化、教育研究所や教育センター等での研究開発機能の充実が具体的な取組として挙げられます。

実態調査でも、市区町村教育委員会において小中一貫教育推進のために取り組んでいる事項として、52％の自治体において指導主事等の重点指導助言事項として小中一貫推進を位置付けています。都道府県では3か所の自治体においてのみ取り組まれていることを考えると、このような指導助言機能は市区町村教育委員会の支援機能として重要であると言えます。

例えば、京都市では、導入当初に地域教育専門指導主事室を設置し、小中一貫教育に取り組む学校を支援する体制を整備しました。現在は、小中一貫教育推進室を設置し、研究開発指定を受けている学校への学校訪問体制や指導体制を整備しています。また、各中学校区に担当指導主事を配置し、学校の状況把握などを行い、各学校での実践の充実を支援しています。

このような各学校での研究開発機能の充実とともに、自治体全体で小中一貫教育に関する教育課程や指導方法に関する知見を蓄積し、各学校での実践の充実につなげるという取組も先導的な自治体において見られました。

例えば、高知県の梼原《ゆすはら》町一貫教育支援センターでは、教育課程の研究開発等を行い、学校での実践の充実を支援しています。稚内市では、市立教育研究所に退職校長などを配置し、小中一貫教育を含めて市内の学校が抱える課題に対応するための、教員研修や啓発活動の実施、教育課程の研究開発を行っています。

これらの指導助言体制に加えて小中一貫教育を推進していくためには、個々の教職員の小中一貫教育に関する理解と教員の指導力の向上が重要です。その意味で、教職員への研修の充実も重要な視点と言えます。

実態調査でも、小中一貫教育推進のために取り組んでいる事項としては、小中一貫に関する教職員研修会の実施（市区町村主催）が最も多くの割合（55％）を占めており、多くの自治体で、新任や新着任も含めた教職員への研修を行っていることが分かります。

例えば、三鷹市では、『三鷹市立学校人材育成方針』（平成25年3月）を作成し、三鷹市の教育に求められる教師像の中に「コミュニティ・スクールを基盤とした小・中一貫教育を担う教師として、すすんで保護者・地域と関わる教師」を掲げています。その中で、具体的に「小・中一貫教育校としての特色ある教育活動の一つ一つに目的やねらいを明確にもち、その目的やねらいに則して小・中学校相互乗り入れ授業、小・中学校の交流行事等を企画・実施、指導・評価・改善していく力」などを掲げています。[3]

三鷹市ではこれに基づき、三鷹市の教員としての資質能力の中に小中一貫教育を行えることを位置付け、新任及び新着任も含めた教職員への研修を行っています。

このような研修のほかにも、市区町村では、フォーラムや研究発表会の実施（47％）、啓発用リーフレットの作成・配布（44％）など、教員の理解の醸成や指導力の向上のための支援を行っています。このことは、個々の教員や学校の指導力の向上だけでなく、他校や自治体全体への普及という点で重要な取組と言えます。小中一貫教育を推進していくためには、成果や知見等の普及を図ることが重要であり、その活動に教育委員会が取り組むのは重要な役割であると言えます。

まとめ

本節では、小中一貫教育を推進する上での課題として指摘されている、人的側面、物的・財務的側面、教育課程・教育指導的側面から教育委員会の支援的役割の在り方についてまとめました。

最後に、これらの活動を実施する上での教育委員会内の体制や取組について述べます。

小中一貫教育の導入の経緯は、各自治体により異なります。教育委員会主導で推進される自治体もあれば、学校や地域等からの要望を踏まえつつ整備されるという自治体もあります。

しかし、いずれの場合においても、自治体内において、教育振興基本計画等の自治体全体での教育方針の中に位置付けたり、小中一貫教育に関する基本方針や基本計画等を策定するなど市全体での方向性を明確にしておくことが重要です。

実態調査においても、市区町村教育委員会においては、69％が策定しており、今後定める予定（6％）と合わせると75％の自治体において小中一貫教育を推進するため何らかの方針や基本計画等が策定されていることとなります。

このように、**自治体における基本方針という小中一貫教育を推進するための基盤やよりどころとなるものがあることは、小中一貫教育を推進する上で重要な基盤となる**と言えるので、条件整備の一つとして重要な取組と言えます。

また、教育委員会内の体制整備という点では、教育委員会内での指導助言体制の整備が挙げられます。

実態調査では、都道府県のみの回答ですが、小中一貫教育の推進のための担当指導主事の配置がなされているのは、都道府県教育委員会事務局内で6、地方事務所で5あり、設置していない

3　三鷹市教育委員会『三鷹市立学校人材育成方針』平成25年3月、9ページ

都道府県は41です。市区町村においては、指導助言の重点指導助言項目として小中一貫教育を位置付けている市区町村が52％あります。ただし、実態調査では、その指導体制については把握されていないため誰が行っているかは不明です。

このような現状を考えると、今後小中一貫教育を推進していくためには、小中一貫教育に関する専門的な知見を持って指導助言に当たることができるような人材育成が重要となります。また、このような人材を全ての教育委員会に配置することは難しいので、配置の重点化や都道府県教育委員会と市区町村教育委員会との連携協力による指導体制の構築も重要な取組と言えます。

また、教育委員会の関わり方として、各学校の特色を生かした指導助言を行うことも重要な視点と言えます。どのような指導助言を行っていくのかなどについては、市区町村において方針が異なります。全ての学校を指定するところもあれば、1校ないし一部の学校のみを指定しているところもあります。その違いにより、教育委員会の学校への関与の仕方も異なります。すなわち、地域内の全学校を指定している場合は、教育委員会の関与が強く、全域での統一性が重視される傾向があります。

一方で一部の学校の場合には、学校の状況や課題、目的に合致する独自性のある取組も認めながら、教育委員会の関与が行われます。このように、学校の指定状況により教育委員会の関わり方は異なります。

また、全小・中学校を指定する場合においても、自治体としてのビジョンや目的を明確化し共有しながら、各学校における実践の充実とともに、市区町村全域での取組の向上のための好事例の普及等による支援も重要となってきます。さらに、一部の学校を指定する場合にも、各学校が子供の実態やニーズ、保護者、地域住民等のニーズに基づき、学校が抱える課題を解決しながら独自の取組を実践できるような支援を行うことも重要です。

このように、地域全体での小中一貫教育の取組の向上と各学校での実践の充実という両側面を効果的に行うための条件整備としての教育委員会の関わり方を今後検討することも重要な視点と言えます。

最後に、国、都道府県教育委員会、市町村教育委員会それぞれの役割分担について考えることが重要です。実態調査においても、国に対して人的、財政的な支援、そして基本方針の策定などの制度設計が求めていることが明らかとなっています。

また、都道府県教育委員会、市町村教育委員会の有する権限との関係で、地方自治体がどのような役割を小中一貫教育の実施に当たって果たすのかということを明確化しながら、小中一貫教育を実効性あるものとして展開していくための条件整備を考えることが重要です。

〈参考文献、資料〉文部科学省初等中等教育局、『小中一貫教育等についての実態調査の結果』（平成26年9月19日、初等中等教育分科会、小中一貫教育特別部会、資料3）

第5節　地域との連携協働

はじめに

今日、次々と生ずる学校教育に関連する諸課題を解決し、児童生徒の好ましい教育環境を整備するためには、学校（教職員）のみの力では不十分であり、家庭や地域との連携協働が不可欠だとすることが教育に関わる多くの人々の共通認識になりつつあります。

このような状況を受けて、学校教育の現場では地域や各学校の実情に合わせ、創意工夫をこらした取組が続いています。

また、国では平成18年の教育基本法の改正時に「学校、家庭及び地域住民等の相互の連携協力」（同法第13条）に関する条文を新設したことをはじめ、「学校評議員」や「学校運営協議会（コミュニティ・スクール）」、「学校評価」等、学校教育に対する保護者や地域住民の参画を制度化する法令の整備を行うとともに、都道府県や市区町村の取組を支援する具体的な事業として、例えば「放課後子ども教室」や「学校支援地域本部事業」等を実施しています[1,2]。

もちろん、小中一貫教育にとっても、期待される成果を上げるため学校と家庭・地域との連携協働が不可欠であることは全く変わりがなく、例えば小中一貫教育導入により学区が変動したりすることなどで生ずる新たな課題解決のため、更に重要性が高まることとさえ多いと言えます。

このような国及び都道府県・市区町村の動向を踏まえ、本節では文部科学省による実態調査の結果と訪問調査を行った先導的事例（第3章参照）等から見える学校と地域との連携協働の実態、明らかになった課題のうち主要なものについて論じます。

1．実態調査の結果から見た地域との連携協働の実態

実態調査では「学校と地域の連携協働の実態」について直接尋ねている設問はありません。ただし、そのうちの「市区町村調査」には、「その他、小中一貫教育推進のために取り組んでいる事項」との設問があります。その結果によれば、「地域住民・保護者・学校関係者による推進協議会等の設置」が34％で最も多いのです。

これは、市区町村が小中一貫教育を導入する経過の中で、学力向上策、適正規模・適正配置や小中一貫教育導入の可否、あるいはその基本方針や基本計画の策定等について検討するため、地域住民・保護者・学校関係者等をメンバーとする協議機関を設置することが多く、導入決定後は役割や構成メンバー等の再検討を行いながら推進組織として残すことが多いことによるものと思われます。

1　佐藤晴雄著『学校を変える地域が変わる―相互参画による学校・家庭・地域連携の進め方―』（平成14年11月、教育出版）1～24ページ。

2　笹井宏益著「学校・家庭・地域住民の連携協力の基本原理にかかる考察―3つの政策を分析して―」（日本社会教育学会編『学校・家庭・地域の連携と社会教育』（平成23年9月、東洋館出版社）所収論文）10～21ページは、教育基本法改正を踏まえ文部科学省の施策である「①学社連携・融合の推進」「②放課後子どもプラン」「③学校支援地域本部事業」を中心として論じている。

次いで多いのは、「地方教育行政の組織及び運営に関する法律」を根拠とする「コミュニティ・スクールの推進」の26％です。

また、「実施校調査」では、「地域や保護者との協働関係を強める目的で取り組んでいる事項」を尋ねています。この調査結果でも、前述した「市区町村調査」と同様に「地域住民・保護者・学校関係者による協議会等の設置」が44％で最も多いと言えます。次いで、「小中合同の学校通信を継続的に発行」が24％、「PTA組織を小中合同で設け、活動を行っている」と「学校関係者評価を小中合同で行っている」が共に20％の順となっています。

さらに、平成20年度から始まった国の助成事業である「学校支援地域本部事業」の活用により「学校支援地域本部による取組を行っている」は15％であり、「学校支援地域本部の組織を小中合同で設置」も11％あります。

一方で、法令を根拠とした取組である「コミュニティ・スクールを導入している」は15％で、「コミュニティ・スクールの組織を小中合同で設置」も7％あります。

こうした両調査の結果を概観すると、小中一貫教育を推進するための地域との連携協働の具体的な取組の実態は、あくまで任意の取組であり、その実施内容にも何ら制約がなく、取り組みやすいと思われる「地域住民・保護者・学校関係者による推進協議会等の設置」や「小中合同による学校通信の発行」等の占める割合が高く、次いで多いのが法令に基づく「コミュニティ・スクールの導入」や「学校関係者評価の小中合同実施」であり、更に国の助成による「学校支援地域本部事業の取組」という順です。[3]

2. 事例から見た地域との連携協働の実態

訪問調査を行った先導的事例から見た、学校と地域との連携協働の実態は次のとおりです。

前述した実態調査の結果は、選択肢が限られているため、学校と地域の連携協働を目指す取組の実態がパターン化することは当然とも思われました。けれども、事例から見た地域との連携協働を目指す取組の実態も、それほど多様化しているとは言えず、小中一貫教育の導入を契機とした新たな取組は少なく、むしろ従来から各校で取り組んできたものを、「小中合同で実施」とする程度の変更で継続実施する例が多いのです。

そうした学校と地域との連携協働を目指す取組の実態を、小中一貫教育の導入を境目とした二つの時期に分けて整理します。

(1) 導入前から導入直後までの主な取組

小中一貫教育導入の必要性や意義、あるいは導入の可否や導入する場合の課題、導入する際の基本的な方針や具体的な実施計画など、導入前に必要な調査・研究や議論等を行うため、市区町村職員や学校関係者だけではなく、新旧PTA役員、町内会・自治会等の地域住民組織やその他の関係団体等の代表をメンバーとする協議機関（名称は様々である）を設置する事例が多いと言えます。これは、市区町村と学校関係者のみですべてを決定してから一方的に地域へ連携協働を求めるのではなく、導入に関連する様々な課題等の検討段階から地域住民等の意見を十分聞くとともに

3 ここで用いた文部科学省調査のデータは、平成26年9月19日に開催された中央教育審議会初等中等教育分科会小中一貫教育特別部会資料3「小中一貫教育等についての実態調査の結果」（文部科学省初等中等教育局）によった。

に取組への理解を深めてもらうことで、導入後の確かな連携協働を目指すものです。

また、こうした役割を担う協議機関（組織）として、既存の「学校運営協議会」（コミュニティ・スクール）を位置付けたり、新たに指定して取組が始まる事例もあります。さらに、学校支援地域本部事業による「地域教育協議会」等が役割を果たすこともあります。

この他、「小中合同のPTA活動」や、小中一貫教育に対する地域住民の理解を深めるため「小中合同による広報紙の発行」などの取組例も多いと言えます。

（2）導入後の平準化した主な取組

小中一貫教育が導入され、取組が本格化する中で、学校と地域間の連絡調整役や具体的な活動の企画立案とその推進役を果たす既存の仕組み（組織）を残したり、新たに整備する事例が多いと言えます。例えば、導入後も「小中一貫教育と学校運営協議会は車の両輪」との基本方針を掲げ、学校運営協議会が下部組織として新たに専門部会等を設置し、学校と地域が連携協働して推進する具体的な活動の核となる例もあります。もちろん、こうした役割を想定して新たにコミュニティ・スクールに指定する場合もあります。

また、平成20年度から始まった国の助成事業である「学校支援地域本部事業」を活用し、「学校応援団」などの名称で仕組みを整備し、応援団等に配置されるコーディネーターの連絡調整により、地域住民がゲストティーチャーを務めるなど様々なボランティア活動で学校の教育活動を支援するほか、登下校時の安全確保のための見守り活動などを行っています。

一方で、児童生徒が地域の防災訓練や祭りに参加するなどの取組を行っており、こうした双方向による実践の積み重ねを通じて学校と地域の連携協働がより確かなものになっていると思われる例も多くあります。

さらに、このような法令を根拠にしたり、国の助成を受けた取組ではありませんが、町内会（区長会）・ＰＴＡ・学校（全教職員）等で組織する「子育て協議会」や「一貫校の教育を考える会」、「小中一貫校づくり実行委員会」などを中核として、前述のような取組をすることで成果をあげているケースも多いのです。

この他にも、「小・中学校の保護者が共に学ぶ機会づくり」、「中学校１年の授業参観の案内を小学校６年の保護者にも出す」、「家庭教育の手引きの作成と保護者への配布」などの取組をすることで、学校と地域との連携協働関係の強化を目指す事例もあります。

３．地域との連携協働に関する課題

小中一貫教育を推進するための地域との連携協働に関し、実態調査の結果や先導的事例の分析を通じて明らかになった主要な課題は次のとおりです。

（１）教職員の意識改革を図る取組の必要性

学校と家庭・地域の連携協働の必要性が指摘されてから長い年月がたっています。この間、これら三者の関係（取組）を示す用語も「学社連携」や「学社融合」など変遷を重ね、国による実に様々な施策も講じられ、都道府県や市区町村による多彩な取組も続いています。

けれども、取組の現場では、例えば文部科学省による学校支援地域本部事業に関する実態調査の結果等でも明らかにされたように、**取組の「当事者」「パートナー」であるはずの教職員の理解不足と消極的な取組姿勢が、確たる連携協働関係を確立する上で最大の課題**だと指摘されることも多いのです。[4] そして、こうした教職員の実態は、我が国における教員養成や現職教育のカリキュラム等でも「学校と地域との連携協働の必要性」などについて学ぶ機会が乏しいことからすれば、無理からぬことだと指摘されることもあります。

小中一貫教育が成果を上げるためにも不可欠である学校と地域との連携協働関係の確立は、こうした教職員の意識改革なくしては困難であり、研修内容の見直しなどの具体策を講ずることが求められるでしょう。

（2）教職員の負担感の軽減を図る配慮が不可欠

地域との連携協働を図る取組が、教職員にとって何らかの形で負担増になる可能性があることは否定し難いと言えます。とりわけ、取組開始当初はその可能性がより大きくなるでしょう。けれども、実質的な負担増にならない場合でさえ、既に述べたような意識や、**保護者・地域住民対応への苦手意識を持つため、負担感を抱いてしまう教職員が多い**と指摘されます。

市区町村教育委員会や校長は、教職員の実質的な負担を繰り返し検証するとともに、その負担を軽減する具体策を講ずる日常的な努力が求められます。と同時に、教職員の負担感軽減へのきめ細かな配慮も必要です。

（3）持続的な取組のため「学校運営協議会」制度導入の必要性

市区町村教育長や学校長の中には、学校運営協議会制度に対して抵抗感や警戒感を示す人々も多いのです。その大きな理由は、学校運営協議会が有する権限である「教職員の任用に関する任命権者への意見具申権」と「学校運営基本方針等の承認権」だとされます。

また、校長の中には「本校ではＰＴＡがしっかりしており、保護者等の意見をお聞きし、それを反映した学校経営をしており、地域との連携協働は十分である」とか、「わが校では学校支援地域本部事業に取り組むことで、学校運営協議会が目指す『地域とともにある学校づくり』に向けた取組が十分にできている」ことなどを理由として、学校運営協議会制度の導入に否定的な姿勢を示す人も多いと言えます。[5]

しかし、前述したとおり学校と地域との連携協働を目指す様々な取組が行われてきたにもかかわらず、今日もなお十分に定着したと言い難いのは、それらの取組が法律上に根拠を持たない事業であるため、予算が措置されなくなれば取組が終了したり、取組に理解があり熱心な校長が異動すれば終わってしまうようなことが多かったことも一因です。そして、このようなことでは、

4　文部科学省委託調査「学校支援地域本部事業」実態調査研究報告書（平成22年2月、株式会社三菱総合研究所）及び「平成22年度学校支援地域本部事業の実施状況調査報告書」（平成23年12月、文部科学省生涯学習政策局社会教育課）参照。この二つの調査とも、今後の課題についてはほぼ同じ傾向を示す結果となった。そして、注目すべきことは両調査とも、調査対象別にみると、市区町村教育委員会職員及びコーディネーターだけでなく、教職員が自ら「教職員の理解と協力が不十分である」ことを取組推進の課題とする回答がかなりの高率だったことである。

5　平成25年度文部科学省委託調査研究報告書「コミュニティ・スクール指定の促進要因と阻害要因に関する調査研究」（平成26年3月、日本大学文理学部研究代表・佐藤晴雄）13～24ページには、コミュニティ・スクール指定校と未指定校の校長に対する調査結果をもとに、コミュニティ・スクール指定促進要因と未指定校が指定に消極的な理由がコンパクトに整理して述べられ、更に指定を促進する方策の具体的な提言もなされている。

十分な成果を上げられないことはもちろん、それまで懸命に取り組んできた人々の学校に対する不信感や、地域との連携協働の意義・必要性そのものに対する不信感を高めることになってしまうでしょう。

そのため、**学校と地域との連携協働を図る取組は、持続的・継続的なものとする必要があり、その一つの有効な取組として法律に根拠を有する「学校運営協議会」制度の導入を積極的に推進すること**が期待されます。

(4) 地域間格差への配慮と支援の必要性

学校と地域との連携協働の成否を決するのは、その取組の担い手です。学校側の担い手である教職員は法律に基づいて配置されるため、少なくとも数の面では問題は少ないのです。しかし、もう一方の担い手である地域人材の確保は明らかな地域格差が生じています。今後、こうした格差の実態を正確に把握するとともに、それを的確に是正する具体的な方策が急務だと考えます。

〈参考文献〉
①高橋興著『学校支援地域本部をつくる―学校と地域による新たな協働関係―』(ぎょうせい、平成23年8月)
②「小中一貫教育を推進する上での学校運営協議会の在り方について(第一次報告)」(コミュニティ・スクールの推進等に関する調査研究協力者会議、平成26年10月)
③高橋興著『小中一貫教育の新たな展開』(ぎょうせい、平成26年11月)
④天笠茂監修『管理職課題解決実践シリーズ5 地域との新たな協働を図る学校づくり』(ぎょうせい、平成27年3月)
⑤研究代表者―尾崎春樹「『地域とともにある学校』の推進に向けた教育行政の在り方に関する調査研究〈報告書〉」(国立教育政策研究所、平成27年3月)

第6節　教職員の多忙化と負担感の軽減

はじめに

小中一貫教育の取組に関する先行研究や調査によって、多くの成果が確認されています。全ての小中一貫教育校を対象に、文部科学省が実施した実態調査の結果からは、小学校から中学校への移行期における「中1ギャップ」問題の解消や小・中学校の教職員間での相互理解や協力の促進、更に児童生徒の学力向上面をはじめとした様々な面において、成果が実感されていたことが明らかになっています。

その反面で、様々な課題も存在しています。この中で、最も大きな課題と考えられるのが、小中一貫教育の取組による教職員の多忙化（業務量の増加）と負担感（業務量増加による心身両面での疲労感）の問題です。

事例調査のために各地の小中一貫教育校へ訪問した際に、多くの学校では教職員の多忙化や負担感の増加という課題が見られました。小中合同で校務分掌組織を編成する学校も多く、小中合同での研究や行事のために学校間での連絡調整が必要ですが、電話やメール等の間接的な手段だけでは不十分になり、関係者が顔を合わせて会議をせざるを得ない状況も多く発生します。このような会議等によって時間を取られて業務量が増え、施設分離型の小中一貫教育校では会議等の会場への移動による負担も更に生じます。

さらに、文化の違う小・中学校間で教職員が交流することによる苦労や小中一貫教育そのものが目的化してしまうという問題もあり、負担感が強まることもしばしば指摘されていました。

このように、教職員の多忙化や負担感の増大は、小中一貫教育を推進する上で避けられない課題で、小中一貫教育に対して懐疑的な指摘がなされることもあります。そこで、小中一貫教育の取組で生じる教職員の多忙化と負担感の軽減のためにできることについて考えてみたいと思います。この際、文部科学省による実態調査の二次分析した結果（第2章参照）を中心に、小中一貫教育に関する事例調査で得られた知見も加えながら考えることにしましょう。

1．実態調査から見えた課題認識と取組の状況

文部科学省の実態調査では、平成26年5月時点での国公立小中一貫教育校を対象に調査されていますが、ここでは公立の小中一貫教育校１１２２校に限定して分析した結果から、様々な状況を見ることにします。

分析の際に、施設の近さによる人（教職員や児童生徒）の移動や交流のしやすさと小・中学校の組合せによる学校間の連絡調整のしやすさという二つの観点から、①「施設一体型・隣接型」、②中学校1校と小学校1校の組合せで構成される「一対一の施設分離型」、③中学校1校と複数の小学校の組合せで構成される「一対多の施設分離型」という三つの施設類型に分けています。[1]

さて、小中一貫教育校を対象とした実態調査では、「教職員の負担感・多忙感の解消」という課題に対する認識について4段階の選択肢で尋ねています。この結果を**表1**として、施設類型別

にまとめて示しています。

表1　教員の負担感軽減という課題への認識

		教職員の負担感・多忙感の解消の課題				合　計
		大きくある	ある	あまりない	ほとんどない	
施設一体型・隣接型	度数	27	128	34	3	192
	%	14.1%	66.7%	17.7%	1.6%	100.0%
施設分離型（一対一）	度数	40	104	26	3	173
	%	23.1%	60.1%	15.0%	1.7%	100.0%
施設分離型（一対多）	度数	210	399	78	13	700
	%	30.0%	57.0%	11.1%	1.9%	100.0%
その他	度数	20	25	11	1	57
	%	35.1%	43.9%	19.3%	1.8%	100.0%
合　計（公立全体）	度数	297	656	149	20	1,122
	%	26.5%	58.5%	13.3%	1.8%	100.0%

注：文部科学省の実態調査より作成（以下の本節全ての表で同じ）

全体的に見ても、85％の学校が「大きくある」又は「ある」と回答しており、ほとんどの学校で教員の負担感の問題が課題として認識されています。

施設類型別に見ると、施設一体型・隣接型で、「大きくある」と「ある」を合わせた回答が合計80・8％も見られますが、他の施設類型よりは低くなっています。その反面で、一対多の施設分離型では「大きくある」と「ある」を合わせた回答が87％にも上り、更に「大きくある」と回答した学校が30％となっています。これは、施設一体型・隣接型や一対一の施設分離型と比べても際立って高い水準です。

このことから、**人の移動や交流のしやすさと学校間の連絡調整のしやすさについては、負担感に関する課題意識との相関的な関係性が見られる**と言えるでしょう。

実態調査では、「教員の余裕時間の確保や負担軽減の取組」の有無を尋ね、更に具体的な取組内容を選択肢の中から選ぶ形式で尋ねています。その結果を見ることを通じて、多忙化や負担感の根源としての負担（業務量）軽減のための取組状況を見てみましょ

1　ここで用いた施設類型に関する詳細は、第2章でより詳しく示している。

う。全般及び具体的な内容別に取組を行っていた学校の割合を表2に示します。
負担軽減のために何らかの取組が行われた公立小中一貫教育校の割合は19・1%で、なかなか取組が広がっていない状況が見られます。

施設類型別で割合を見ると、施設一体型・隣接型では38%と高くなっていた反面、分離型では14%前後にとどまっています。人の移動や交流がしやすい施設一体型・隣接型の学校では負担そのものの軽減に取り組みやすいと言えますが、その点での難がある施設分離型では取組そのものが容易でないように見えます。ただ、小・中学校の組合せで「一対一」と「一対多」とでこの割合を比較すると、ほとんど違いは見られていないことから、学校間の連絡調整のしやすさが取組状況とは関係しないものと考えられます。

さらに、具体的な取組内容の実施割合を全体で見ると、「校務支援システムの導入」、「ICTの活用による授業の効率化」、「会議の見直し（案件の精選）」の3項目が1割を超えています。ICTを活用することで、業務上の連絡調整や授業を効率的に進めようとしており、連絡調整のための会議も効率性を高めようと工夫している状況が見えています。その反面、「TV会議システムの導入」、「教職員集団の大きさによる校務効率化」、「教員と事務職員の役割分担見

表2　負担軽減のための取組の実施割合

	公立全体	施設一体型・隣接型	施設分離型 一対一	施設分離型 一対多
負担軽減のための何らかの取組	19.1%	38.0%	13.9%	14.0%
校務支援システムの導入	11.4%	18.8%	6.9%	9.4%
ICTの活用による授業の効率化	10.5%	16.7%	9.2%	8.7%
教材・指導案等の共有促進	7.8%	13.5%	2.9%	6.7%
TV会議システムの導入	1.6%	0.5%	2.9%	1.7%
会議の見直し（案件の精選）	10.2%	30.2%	7.5%	4.3%
次年度計画の前倒し策定	6.2%	16.1%	5.8%	3.1%
教職員集団の大きさによる校務効率化	4.7%	21.9%	0.6%	0.4%
教員と事務職員の役割分担見直し	2.8%	10.4%	2.3%	0.6%
（参考）該当学校数	1,122	192	173	700

注：「その他」の施設状況については割愛

直し」の3項目は5%を下回り、なかなか導入しにくい取組と考えられます。

では、学校間での移動交流や連絡調整が比較的容易な施設一体型・隣接型に限定するとどうでしょうか。施設が近いために必要性が低いと考えられる「TV会議システムの導入」を除く全取組は1割を超えた学校で実施されています。特に「会議の見直し（案件の精選）」と「教職員集団の大きさによる校務効率化」の2項目の割合は2割を超えています。教職員が集まりやすく会議も増えやすくなったと考えられますが、過度に増えないよう対策されていたものと考えられます。

また、実態調査の別の項目では、校務分掌の小中合同化が施設一体型・隣接型の学校ではちょうど半数で実施されている反面、施設分離型では3%程度しか実施されていません。このことは施設一体型・隣接型の学校では小・中学校の教職員を一つの組織にまとめやすく、更に負担軽減にもつなげようとしていたことがうかがえます。

一方で、施設分離型の学校では、取組そのものを行う学校の割合が小さいこともあり、全取組内容で1割を下回る状況となっています。人の移動や交流や連絡調整が比較的難しい、一対多の組合せによる施設分離型の学校では、情報共有に関する取組の割合が相対的に高く、ICT等を用いて情報共有を促進するような取組が行われやすいと考えられます。

2．公立小中一貫教育校における負担軽減のための取組と成果認識

教職員の負担軽減のための取組を行う学校は、それほど多くないことが分かりましたが、取組と小中一貫教育に関する成果の自己評価との関係性はどうなっているでしょうか。

表3　負担軽減のための取組と総合的な成果認識との関係性

取組の有無	総合的な成果 あり	総合的な成果 なし
負担軽減のための何らかの取組	3.14	2.93
校務支援システムの導入	3.13	2.95
ICTの活用による授業の効率化	3.10	2.95
教材・指導案等の共有促進	3.20	2.95
TV会議システムの導入	3.28	2.96
会議の見直し（案件の精選）	3.27	2.93
次年度計画の前倒し策定	3.21	2.95
教職員集団の大きさによる校務効率化	3.38	2.95
教員と事務職員の役割分担見直し	3.16	2.96

実態調査では、小中一貫教育の総合的な成果や詳細な内容に関する成果の自己評価を四つの選択肢で尋ねています。ここでは簡単に傾向を見るため、「大きな成果が認められる」を4点、「成果が認められる」を3点、「成果があまり認められない」を2点、「ほとんど成果が認められない」を1点として得点化します。そして、取組の有無別に属する学校をグループ化して、各グループでの平均得点を「成果スコア」とします。[2] この成果スコアが高くなるほど、成果がより大きく認識されていると考えることになります。

取り組んでいる学校の成果スコアと取り組んでいない学校の成果スコアの差から、取組と成果認識との間に関係性が見えてきます。この取組の有無による成果スコアの差が大きいほど、関係性は強いと捉えられます。ただし、データの関係で取組による成果への影響のような因果関係でなく、相互的な相関関係であることに留意する必要があります。[3]

（1）公立小中一貫教育校全体での結果

まずは公立小中一貫教育校全体での傾向から見てみましょう。負担軽減のための取組状況別に総合的な小中一貫教育に関する成果スコアを**表3**に示します。

冒頭の「負担軽減のための何らかの取組」の有無では、何らかの形で取組をしている学校の方が上回っており、取組を行う学校の方が総合的な成果を実感していると言えるでしょう。また、具体的取組内容別でも、

表4　負担軽減のための取組と関連する成果との関係性

成果項目の内容	全国学力調査結果での向上		不登校減少		教職員の仕事満足度の向上		学校運営の効率化	
取組の有無	あり	なし	あり	なし	あり	なし	あり	なし
負担軽減のための何らかの取組	2.60	2.31	2.84	2.52	2.57	2.31	2.58	2.09
校務支援システムの導入	2.55	2.34	2.84	2.55	2.52	2.34	2.50	2.14
ICTの活用による授業の効率化	2.61	2.33	2.83	2.55	2.57	2.33	2.55	2.14
教材・指導案等の共有促進	2.63	2.34	2.83	2.56	2.56	2.34	2.64	2.15
TV会議システムの導入	2.72	2.36	3.11	2.57	2.50	2.36	2.39	2.18
会議の見直し（案件の精選）	2.71	2.32	2.94	2.54	2.70	2.32	2.84	2.11
次年度計画の前倒し策定	2.72	2.34	2.94	2.56	2.70	2.34	2.76	2.15
教職員集団の大きさによる校務効率化	2.77	2.34	3.06	2.56	2.91	2.33	3.15	2.14
教員と事務職員の役割分担見直し	2.72	2.35	2.97	2.57	2.68	2.35	2.94	2.16

全項目で取組をしている学校の方が上回っています。特に、「教職員集団の大きさによる校務効率化」や「会議の見直し（案件の精選）」などでの差の大きさが目立ちます。

小中一貫教育による効果として特に期待される、児童生徒の学力向上や不登校の減少のような側面での成果はどう認識されているでしょうか。そして、負担軽減のための取組状況は教職員の仕事満足度や学校運営の効率化に関する成果認識との関係性が見られるのでしょうか。これらの成果項目に関する自己認識である成果スコアを**表4**としてまとめています。

一番上にある「負担軽減のための何らかの取組」の有無で比較すると、四つの成果スコアの全てで、取組を行う学校の方が上回っています。すなわち、何らかの形で教職員の負担軽減に取り組む学校の方が、児童生徒に表れるような成果と教職員や学校組織に関する成果を認識しやすいと考えられます。

それぞれの具体的な取組内容を見ても、全般的に取組を行う学校の方が上回っています。**教職員間の連絡調整や業務の見直しのような負担軽**

2　この成果スコアについては、次の第2章でも使っている。
3　なぜこのように考えられるのかは、第2章でもう少し詳しく説明している。

減のための取組が進んでいる学校では、児童生徒の教育面での大きな成果が認識されやすいと考えられます。また、このような取組を行う学校では、教職員の仕事満足度や学校運営の効率化という面での成果も大きく認識されやすくなることが指摘できます。

(2) 施設類型別に見た状況

既に見たように、負担軽減のための取組を行う学校の方が、小中一貫教育の成果を実感しやすいという傾向が見られます。ただ、小・中学校間での移動・交流や連絡調整のしやすさが異なる施設類型によって、取組状況に違いが見られるように、成果との関係性も変わる可能性も考えられます。そこで、施設類型別に見た取組と成果との関係性について考えてみましょう。総合的な成果認識に関して**表5**にまとめています。

なお、施設類型で分類すると、取組をしていた学校割合の低い項目では、各類型の中で取組をしている学校数が少なくなり、一つの学校の回答内容で成果スコアが大きく変動してしまいます。このため、公立学校全体で5％未満の学校でしか行われていない取組については、表から割愛することにします。

この結果でも、何らかの形で取組を行う学校の成果スコアは、どの施設類型でも高くなっており、取組と総合的な成果認識との間にはプラスの相関関係があるように見受けられます。個別の取組項目別に見ても、ほぼ全ての項目・類型において取組をしている学校の成果スコアの方が相対的に大きくなっており、取組と成果認識の間にはプラスの相関関係が見られます。ただ、一対一の施設分離型の学校で「次年度計画の前倒し策定」については逆の関係性が見られます。ただ、

表５　施設類型別負担軽減のための取組と総合的な成果認識との関係性

	施設一体型・隣接型		施設分離型 一対一		施設分離型 一対多	
取組の有無	あり	なし	あり	なし	あり	なし
負担軽減のための何らかの取組	3.25	3.13	3.04	2.98	3.10	2.88
校務支援システムの導入	3.31	3.14	3.08	2.98	3.03	2.90
ICTの活用による授業の効率化	3.22	3.16	3.00	2.99	3.07	2.90
教材・指導案等の共有促進	3.31	3.15	3.40	2.98	3.13	2.89
会議の見直し（案件の精選）	3.33	3.10	3.23	2.97	3.20	2.90
次年度計画の前倒し策定	3.26	3.16	2.90	2.99	3.32	2.90

注：全体で５％未満の学校での取組内容及び「その他」の施設類型については割愛

表６　施設類型別負担軽減のための取組と関連する成果認識との関係性①
〔児童生徒に関する成果認識〕

成果項目	取組の有無	施設一体型・隣接型 あり	施設一体型・隣接型 なし	施設分離型 一対一 あり	施設分離型 一対一 なし	施設分離型 一対多 あり	施設分離型 一対多 なし
全国学力調査結果での向上	負担軽減のための何らかの取組	2.68	2.53	2.79	2.41	2.49	2.24
	校務支援システムの導入	2.64	2.58	2.83	2.43	2.44	2.26
	ICTの活用による授業の効率化	2.74	2.56	2.81	2.43	2.48	2.25
	教材・指導案等の共有促進	2.72	2.57	2.80	2.45	2.53	2.25
	会議の見直し（案件の精選）	2.74	2.52	2.85	2.43	2.63	2.26
	次年度計画の前倒し策定	2.77	2.55	2.60	2.45	2.64	2.26
不登校減少	負担軽減のための何らかの取組	2.93	2.75	2.79	2.56	2.77	2.47
	校務支援システムの導入	3.11	2.75	3.08	2.56	2.64	2.50
	ICTの活用による授業の効率化	3.03	2.78	2.88	2.57	2.72	2.50
	教材・指導案等の共有促進	2.96	2.80	3.20	2.58	2.70	2.50
	会議の見直し（案件の精選）	2.95	2.76	2.85	2.58	2.93	2.50
	次年度計画の前倒し策定	3.03	2.78	2.70	2.59	2.86	2.50

注：「その他」の施設類型については割愛

実態調査の情報からはこの理由を明らかにすることはできないので、結果を示すだけにとどめておきます。

では、前項でも見た四つの成果認識についても、確認してみましょう。

先に、負担軽減のための取組と児童生徒に関する二つの成果項目に関する認識との関係性を**表６**にまとめています。全国学力調査結果での向上という面で現れる成果スコアも、不登校の現象という面で現れる成果スコアも、それぞれの取組を行う学校の方がより高くなっています。

このことから、負担軽減のための取組を行う学校では、小中一貫教育で期待される児童生徒に関する成果について、より大きく認識されやすくなっていることが分かります。すなわち、**負担軽減のための取組と児童生徒に関する成果認識との間には、プラスの相関関係がある**ことが指摘できるでしょう。

さらに、負担軽減のための取組と教職員の仕事満足度や学校運営の効率化に関する成果認識との関係性を**表7**としてまとめています。この結果を見ても、基本的に各取組をしている学校の成果スコアは相対的に高くなるという傾向が見られます。

すなわち、負担軽減のための取組を行う学校では、より学校組織に関する成果が大きく認識されやすくなっていることになります。学校組織に関する成果認識についても負担軽減のための取組との間に、プラスの相関関係が見られると言えるでしょう。

3．先導的事例から得られた示唆

訪問調査を行った先導的事例では、小中一貫教育の取組で教職員の業務量が増えやすいことを課題として指摘されることが多く見られます。また、業務そのものの増加に加え、小中一貫教育の取組では小・中学校間との連絡調整も多くなるため、取組による負担感が強いと捉えられています。

この小・中学校間の連絡調整は一見簡単に見えます。しかし、基本的に全教科を一人の教員で担当して放課後の部活動がほぼない小学校と教科担任制で放課後の部活動のある中学校とでは、教職員の業務環境や考え方に大きな違いがあります。このような**小・中学校教員間の文化的な違**

表7　施設類型別負担軽減のための取組と関連する成果認識との関係性②
〔学校組織に関する成果認識〕

成果項目		施設一体型・隣接型		施設分離型			
				一対一		一対多	
	取組の有無	あり	なし	あり	なし	あり	なし
教職員の仕事満足度の向上	負担軽減のための何らかの取組	2.79	2.54	2.54	2.35	2.43	2.26
	校務支援システムの導入	2.72	2.62	2.67	2.36	2.35	2.28
	ICTの活用による授業の効率化	2.69	2.63	2.69	2.35	2.44	2.27
	教材・指導案等の共有促進	2.73	2.62	3.20	2.35	2.40	2.28
	会議の見直し（案件の精選）	2.81	2.56	2.62	2.36	2.60	2.27
	次年度計画の前倒し策定	2.84	2.60	2.50	2.37	2.68	2.27
学校運営の効率化	負担軽減のための何らかの取組	2.96	2.40	2.29	2.05	2.31	2.05
	校務支援システムの導入	2.94	2.54	2.17	2.08	2.23	2.07
	ICTの活用による授業の効率化	3.00	2.54	2.25	2.07	2.31	2.06
	教材・指導案等の共有促進	3.04	2.55	2.60	2.07	2.32	2.07
	会議の見直し（案件の精選）	3.00	2.45	2.46	2.06	2.57	2.06
	次年度計画の前倒し策定	2.94	2.55	2.30	2.07	2.64	2.07

注：「その他」の施設類型については割愛

いについて相互理解ができないと、小中一貫教育に携わる教職員にとっての負担感を増すことにつながってしまいます。

では、各学校では多忙化や負担感による問題をどのように軽減しているのでしょうか。少しでも業務量そのものを減らす方向性と、本質的な解決にはならないのですが次善の策として、気持ちの問題としての負担感を減らす方向性が考えられます。

業務量そのものを減らす方向性での一つの方法としては、多くの学校で問題となっている会議の回数や長さの問題を解消することが考えられます。

例えば、京都市の東山開睛館では**毎週木曜日の放課後には部活動等を行わないようにして、集中的に会議を設定し**ていました。東京都三鷹市の各小中一貫教育校のように、**校務支援システムを活用して主に伝達のための会議を中心に削減**するような取組も見られます。

また、広島県府中市の府南学園での事例のように、**小中一貫教育に関する様々な取組の中で本当にできる取組だけに絞り込んで集中的に行うことで、業務量そのものを減ら**すことも考えられます。[4]

一方、気持ちの問題としての負担感を軽減する方向性の具体的内容としては、文化的に異なる小・中学校の教職員の相互に理解することや、小中一貫教育の意義や成果に関して教職員間で共有することなどが考えられます。

教職員の相互理解が不十分だと、訪問調査をした多くの学校では、教職員交流自体がストレスとなり負担感につながりやすくなります。訪問調査をした多くの学校では、**あえて学校行事の準備や授業研究等を小・中学校の教職員が一緒にやるようにして、小・中学校間の壁を乗り越えるまで我慢強く続ける**ような取組が見られます。時間はかかってしまいますし、この取組の開始当初は様々な問題も出てきたようですが、**小・中学校間の壁を乗り越えられると、取組の目的意識も明確化して、結果的に負担感の解消につながっている**ようです。

成果の共有に関しては、子供たちが良い方向に変わる姿を見て取組の有用性を感じさせるようにしている広島県府中市の府中学園の事例などが参考になるでしょう。

まとめ

本節では、小中一貫教育の取組によって生じる多忙化や負担感の増大という問題を取り上げ、これらの解消に向けてできることについて考えてきました。

ここで示した実態調査の結果からも見えてきたように、会議回数の減少をはじめとした業務量そのものを軽減しようとする取組は、小中一貫教育を行う学校において既に実施されています。

しかし、これらの取組がなされているのは全体の2割程度で、このような取組はなかなか広がっていないとも言えます。

教職員の負担を軽減するための取組をしている学校では、教職員の仕事満足度や学校運営の効率化の面で成果がより強く感じられています。また、小中一貫教育による児童生徒への効果として期待される学力の向上や不登校の減少といった成果や総合的な成果についても、このような負担軽減の取組をしている学校の方が強く実感されています。

小中一貫教育の取組を懸命に行って高い成果が得られる学校では、多忙化の問題が生じやすくなります。だからこそ、多忙化や負担感に対応した取組がなされやすいという解釈もできます。その反面、このような多忙化や負担感に対する取組を行うことで、教職員の多忙化や負担感への軽減につながり、小中一貫教育としての成果もより得やすくなっているという解釈もできます。

実態調査では、同時点の取組と成果認識を尋ねているので、取組から成果認識への因果関係の存在は残念ながら証明できません。しかし、少なくとも負担軽減の取組と様々な成果認識との間にはプラスの相関関係が見られます。このことは、小中一貫教育を行う公立学校全体で見た場合でも、施設類型別で見た場合でも、基本的には変わりません。

平成27年7月に文部科学省から発表された「学校現場における業務改善のためのガイドライン」でも同様の取組が紹介されています。このガイドラインも参考にしながら、負担軽減のための取

4　府南学園の取組は、小中一貫教育の目的化という課題への対応でもあり、教職員の負担感軽減にもつながっていると考えられる。

組をできる範囲で実行する意義はあると考えられます。

負担軽減のための取組と多忙化や負担感の軽減との関係性は、先導的な事例からも確認されています。優先順位を付けて業務量を減らす方向性もあれば、気持ちとしての負担感を軽減する方向性もあります。特に成果の実感を教職員間で共有することや、小・中学校間で文化的に違いのある教職員の接する機会を増やして相互理解を図るような取組がなされています。

小中一貫教育は比較的新しい取組であり、保護者や地域住民からの期待も相当高まりやすいと考えられます。この期待に応えるために、あらゆる面での効果を高めようと無理をすることで、更に多忙化して負担感が強まり、せっかくの取組が空回りしてしまうという事例も見られます。山積する課題に対して優先順位を付けて、可能な範囲の取組から小中一貫教育の取組を段階的に進めることで、少しでも児童生徒への教育効果を高めようとする姿勢が重要なのではないでしょうか。

実態調査から見えた状況や先導的事例による示唆から、**児童生徒のための小中一貫教育という本来の理念に立ち戻ってできる取組を着実に行い、小中一貫教育による成果を教職員の間で共有することが、結果的には教員の多忙化や負担感の軽減につながる**と考えられます。

第2章

公立小中一貫教育校における取組と成果

―文部科学省「小中一貫教育等についての実態調査」の二次分析

はじめに

平成28年度から制度化された小中一貫教育が始まりました。

この制度化を中央教育審議会（以下、「中教審」）で審議する際に、文部科学省は「小中一貫教育等についての実態調査」（以下、「実態調査」）[1]を平成26年夏に実施しました。この中で、平成26年5月を調査時点として小中一貫教育を行っていた全ての国公立の学校（以下、「小中一貫教育校」）を対象に、調査時点での施設や学年段階の区切り方をはじめとした様々な取組の状況や小中一貫教育に関する成果等が調査されています。

実態調査の集計結果は、中教審における審議過程における資料として公表されました。[2]ただ、ここで公表された結果は、制度化に関する検討で必要な全般的なものに限られています。調査時点から2年が経過した制度化前の状況ですが、これから教育委員会や学校で制度化された小中一貫教育の導入を検討する際や、導入された小中一貫教育の取組を進める際に、それぞれの学校環境の事情に沿った調査データによる情報があると参考になるのではないかと考えられます。

そこで、学校環境の違いを考慮しながら二次分析した中で主要な結果をまとめました。[3]

なお、回答が得られた小中一貫教育校は、全部で1130校（小学校と中学校によって構成される小中一貫教育を行う学校群をまとめて1校としています）ありました。このうちの99・3％を占める1122校が公立学校で、残りの8校は国立大学の附属校でした。国立大学の附属校は多くの面で公立学校と環境が大きく異なるため、ここでは全ての公立小中一貫教育校に分析対象を絞ることにしました。[4]

1．学校環境：施設形態と学校の組合せによる施設類型

全国での様々な小中一貫教育の事例を見ますと、小・中学校の施設形態と学校の組合せが小中一貫教育に関する具体的な取組状況に最も大きな影響を持つと考えられます。

施設形態としては、施設一体型、施設隣接型、施設分離型及びその他（前記三つの混合型[5]や複数中学校区の合同での小中一貫教育を行う場合など）という四つが考えられます。一体型や隣接型では教職員の移動や児童生徒の交流が比較的容易であるのに対して、分離型ではこれらが比較的困難が生じるため、具体的な取組にも違いが生じるはずです。

また、学校の組合せとしては、一対一（中学校1校と小学校1校）と一対多（中学校1校と小学校複数校）とが考えられます。関わる学校数が増えることで学校間の連絡調整に課題が生じやすくなる

1　この調査では、「小・中学校が目指す子供像を共有し、9年間を通じた教育課程を編成し、系統的な教育を目指す教育」のことを小中一貫教育と定義している。
2　文部科学省による調査結果は次のウェブサイトから見ることができる。ただし、公立学校のみを分析対象としたため、結果の数値が一致しない部分がある。http://www.mext.go.jp/a_menu/shotou/ikkan/1357575.htm
3　紙幅の関係で、分析した全ての結果を載せられないため、主要な結果に絞ってまとめ直した。より詳細な分析結果に興味を持たれた方は、報告書第Ⅰ部を参照されたい。
4　調査系統の関係で、より正確には市区町村教育委員会が小中一貫教育を行っていると認識していた全ての公立学校が対象になっている。
5　実態調査で示された定義に従って分類している。

と考えられます。

以上のような施設形態と学校の組合せを併せた施設類型について整理すると、**表1**のようになると考えられます。この際、後で見るように施設隣接型の学校数がやや少ないため、比較的特徴が似ている施設一体型とまとめて見ることにしました。なお、「その他」については、結果の解釈が難しいので分析対象から除外しました。

制度化前の平成26年5月時点における施設類型別で見た公立小中一貫教育校数を示すと、**表2**のようになりました。公立小中一貫校全体の4分の3を超える873校が施設分離型で、施設一体型と施設隣接型は合計しても2割未満でした。また、施設分離型における学校の組合せを見ると、一対一が173校、一対多が700校となっていました。

既存の小・中学校から制度化した小中一貫教育への移行が各地域や学校で検討される際に、ここで見た施設類型は動かせない前提条件となってい

表1　小中一貫教育校の施設類型の整理

施設類型	人の移動や交流	学校間の連絡調整	学校の組合せ
①施設一体型・隣接型	○	○	中学校1校と小学校1校
②一対一の施設分離型	△	○	中学校1校と小学校1校
③一対多の施設分離型	△	△	中学校1校と小学校複数校
その他	（上記の複合型等を含みますが、分析対象外とします）		

注：○は比較的容易、△は比較的困難であることを意味する。

表2　施設類型別の小中一貫教育校数（平成26年5月時点）

施設形態	組合せ	学校数	割合
施設一体型	一対一	142	12.7%
施設隣接型	一対一	50	4.5%
施設分離型	一対一	173	15.4%
	一対多	700	62.4%
その他		57	4.2%
合計（公立全体）		1,122	12.7%

注：施設一体型・隣接型は参考として個別に示した。

ることが多いでしょう。このため、ここでは様々な学校環境の中でも特に施設類型に注目して考えることにします。

表3　施設類型別の小中一貫教育校数（平成26年5月時点）

		学年段階区切り			合　計
		6－3	4－3－2	その他	
施設一体型	学校数	57	76	9	142
	割合	40.1%	53.5%	6.3%	100.0%
施設隣接型	学校数	32	16	2	50
	割合	64.0%	32.0%	4.0%	100.0%
施設分離型（一対一）	学校数	123	48	4	173
	割合	71.1%	27.7%	1.2%	100.0%
施設分離型（一対多）	学校数	556	137	7	700
	割合	79.4%	19.6%	1.0%	100.0%
その他	学校数	36	16	5	57
	割合	63.2%	28.1%	8.8%	100.0%
合　計（公立全体）	学校数	804	293	25	1,122
	割合	71.7%	26.1%	2.2%	100.0%

注：施設一体型・隣接型は参考として個別に示した。

2．施設類型別に見た小中一貫教育校の特徴

小中一貫教育校での細かな取組状況について見る前に、学年段階の区切りや学校規模から見た大まかな特徴を施設類型別に見ることにしましょう。

(1) 学年段階の区切り

小・中学校の移行期を特に重視して、伝統的な小・中学校の区切りの6―3とは異なる学年段階の区切りに変えた学校も見られます。**表3**で示した全体での状況を見ると、6―3を維持した学校が多数を占める中、小中移行期の小5から中1までをまとめた4―3―2の学校も全体の4分の1程度見られました。

その他の5―4や4―5などの区切りをした学校や教科特性によって区切り方を変えていた学校もありましたが、それぞれごくわずかな学校にとどまっていました。

施設一体型に限定すると、過半数の学校で4―3―2

の区切りが見られました。しかし、その他の施設類型では旧来の6―3を維持していた学校が大多数となっていました。

特に、一対多の施設分離型では、8割近い学校で6―3の区切りをしていました。移動や交流、更に学校間の連絡調整面での制約が相対的に強いことにより、学年段階の区切りを変えるような取組は難しくなりやすいのではないかと考えられます。

ただ、施設分離型の学校において、一対一の組合せで27・7%、一対多の組合せで19・6%が4―3―2の区切りを採用されていたことは、一つの傾向として指摘できるでしょう。

(2) 学校規模

小中一貫教育校について考える際に、学校規模は欠かせない一つの重要な特徴です。例として小規模校ならば、教職員間の意思疎通をしやすくなり、それぞれの児童生徒の様子を丁寧に見られるという長所があります。その一方で、比較的少ない教職員で多様な仕事をこなさねばならず、児童生徒の人間関係も固定化しやすくなるという短所もあります。

実態調査で見られた小中一貫教育校のほとんどでは、児童生徒は一つの中学校に集まっていました。[6]このため、中学校の学級数で学校規模を捉えることにしました。この学級数は児童生徒数に関係して決まりますが、それと同時に学校に配置される教職員数にも影響しているので、学校

6　例外として、複数の中学校区をブロック化して小中一貫教育を行う事例もあった。「その他」の施設類型に含まれており、中学校1校当たりに換算した。なお、この章の分析では基本的に対象外となっている。また、ここでは小中一貫教育を考えているため、私立等の異なる中学校に進学する児童生徒数については考えていない。

規模を見る上では一つの重要な尺度となります。

学校規模の分布を表４に示しましたが、全体的に見ると標準規模（12～18学級）に満たない学校が半数以上となっていました。

表４　小中一貫教育校の学校規模（中学校１校当たり学級数）

		中学校の学級数				合　計
		～5	6～11	18～12	19～	
施設一体型	学校数	104	33	5	0	142
	割合	73.2%	23.2%	3.5%	0.0%	100.0%
施設隣接型	学校数	24	21	4	1	50
	割合	48.0%	42.0%	8.0%	2.0%	100.0%
施設分離型（一対一）	学校数	53	85	33	2	173
	割合	30.6%	49.1%	19.1%	1.2%	100.0%
施設分離型（一対多）	学校数	30	226	311	132	699
	割合	4.3%	32.3%	44.5%	18.9%	100.0%
その他	学校数	7	21	24	5	57
	割合	12.3%	36.8%	42.1%	8.8%	100.0%
合　計（公立全体）	学校数	218	386	377	140	1,121
	割合	19.4%	34.4%	33.6%	12.5%	100.0%

注：施設一体型・隣接型は参考として個別に示した。
　分離型（一対多）に無回答が１校あった。特別支援学級は含まない。

施設類型別に見ると、関係する小学校数が複数となる一対多の施設分離型では、比較的規模が大きくなるという自然な結果が見られました。また、一対一の組合せに限定して小中一貫教育校で比較しても、施設一体型では小規模校の割合が高く5学級以下が7割を超えていました。

一方で、一対一の施設分離型では比較的規模の大きな学校の割合が施設一体型よりも高くなっていたものの、標準規模である12学級以上の学校は2割程度にとどまっていました。

すなわち、**施設形態にかかわらず、一対一の組合せで小中一貫教育を行う公立学校には、全般的に小規模校が多い**と考えられます。

(3) 自治体規模

基本的に、小中一貫教育校は市区町村レベルの教育委員会が設置することがほとんどであるため、人口による市区町村単位の自治体規模別にどのような施設類型の小中一貫教育校があるかを表5として示しました。

表5　自治体規模別に見た小中一貫教育校の施設類型

			施設類型					合計
			施設一体型	施設隣接型	施設分離型 一対一	施設分離型 一対多	その他	
自治体規模（人口規模）	1万人未満	学校数	28	6	14	5	1	54
		割合	51.9%	11.1%	25.9%	9.3%	1.9%	100.0%
	1～5万人	学校数	25	6	18	22	3	74
		割合	33.8%	8.1%	24.3%	29.7%	4.1%	100.0%
	5～10万人	学校数	27	12	29	83	6	157
		割合	17.2%	7.6%	18.5%	52.9%	3.8%	100.0%
	10～30万人	学校数	39	19	43	156	18	275
		割合	14.2%	6.9%	15.6%	56.7%	6.5%	100.0%
	30～100万人	学校数	15	3	33	223	16	290
		割合	5.2%	1.0%	11.4%	76.9%	5.5%	100.0%
	100万人以上	学校数	8	4	36	211	13	272
		割合	2.9%	1.5%	13.2%	77.6%	4.8%	100.0%
合計（公立全体）		学校数	142	50	173	700	57	1,122
		割合	12.7%	4.5%	15.4%	62.4%	5.1%	100.0%

注：施設一体型・隣接型は参考として個別に示した。

なお、関係性を分かりやすくするために、この表に限って表頭に施設類型を並べています。

自治体規模が小さくなるほど、施設一体型・隣接型の学校の割合が大きくなっていることが、この表からもよく分かります。それに対して、自治体規模が大きくなるほど、施設分離型の学校の割合が大きくなっており、特に一対多の施設分離型の学校の割合が大きくなっていることが見えてきました。

3. 小中一貫教育校での取組内容

それでは、小中一貫教育の中で行われる詳細な取組内容を幾つか取り上げ、どの程度の学校で行われているのかを見てみましょう。

ここでは、小中一貫教育に関する取組の中で代表的なものと考えられる、(1)教育課程や指導に関する取組、(2)人間関係固定化に関する取組、及び(3)教職員交流に関する取組の三つを取り上げます。

(1) 教育課程や指導に関する取組

まずは、公立小中一貫教育校での教育課程や指導に関する取組について、どの程度の学校で実施されていたかの割合を施設類型別に表6に示しました。
全体的に最も実施割合の高い取組は「合同行事の実施」で、7割弱の学校で行われていました。また、それ以外の取組については、半数前後の実施状況となっていました。

表6　小中一貫教育校での教育課程や指導に関する取組の実施割合

	公立全体	一体・隣接型	分離型	
			一対一	一対多
授業スタイルの緩やかな統一	43.2%	65.6%	45.1%	36.4%
学力調査等の合同分析・結果共有	51.1%	72.4%	49.1%	46.1%
小学校段階での基礎学力保障に注力	47.0%	57.3%	46.2%	44.1%
学習・生活規律の設定	50.9%	74.0%	56.1%	43.4%
合同行事の実施	69.7%	94.3%	72.3%	62.0%
合同の児童生徒会の実施	42.7%	72.4%	46.2%	33.0%
中学校部活への小学校高学年の参加	42.1%	51.0%	38.2%	40.3%
合同の特別支援教育関連会議の実施	45.7%	65.1%	34.7%	42.3%
（参考）該当学校数	1,122	192	173	700

注：「その他」の施設類型については割愛した。

施設類型別に見ると、どの取組についても施設一体・隣接型の学校での実施割合が施設分離型よりも高くなっていました。さらに、施設分離型の中での学校の組合せで比較すると、「中学校部活への小学校高学年の参加」と「合同の特別支援教育関連会議の実施」という二つの取組を除くほとんどの取組で、一対一の組合せで小中一貫教育を行う学校の方がより高くなっていました。
ここで取り上げた取組は、小中一貫教育校で実施されやすいものです。小・中学校間で人が集まりやすくて連絡調整もしやすい施設一体型・隣接型の学校では、これらの取組が実施されやすくなったものと考えられます。

(2) 人間関係固定化に関する取組

小中一貫教育によって、児童生徒の人間関係は固定化しやすくなるという課題が指摘されます。実態調査では、児童生徒の人間関係や相互評価が固定化しないようにするための6項目の取組を実施していたかを尋ねています。これらの取組をしていた学校の割合を表7として示しました。
公立全体での取組項目別に見ると、「多様な活躍の機会設定」、「異学年交流の機会設定」及び「いじめへの早期対応」という三つの取組に関する割合が半数を超えていた反面、地域との連携という取組については、24・9%と低い割合にとどまっていました。このことから、基本的には学校という枠組みの中での取組が中心になっていたと考えられます。また、同一学年の学級間交流についても26・0%と相対的には少ない割合となっていました。
既に見たように、小規模校は一対一である施設一体型や隣接型の学校に多く、一対多の施設分離型の学校には少ない状況にあります。このため、**人間関係の固定化という問題は、小・中学校の組合せが一対一の小規模校で生じやすい問題**と考えられます。このような状況も反映してか、施設一体・隣接型の学校では、人間関係固定化に関する取組がなされやすくなっていました。

表7　小中一貫教育校での人間関係固定化に関する取組の実施割合

	公立全体	一体・隣接型	分離型 一対一	分離型 一対多
多様な活躍の機会設定	58.3%	72.4%	61.3%	53.4%
異学年交流の機会設定	58.3%	87.5%	67.1%	47.3%
同一学年の学級間交流	26.0%	20.8%	24.3%	26.9%
多様な教職員との関わり	48.5%	87.5%	50.3%	36.6%
地域との連携	24.9%	32.3%	34.7%	20.3%
いじめへの早期対応	56.4%	63.0%	63.6%	54.0%
（参考）該当学校数	1,122	192	173	700

注：「その他」の施設類型については割愛した。

表8　小中一貫教育校での教職員交流に関する取組の実施割合

	公立全体	一体・隣接型	分離型 一対一	分離型 一対多
小学校段階での教科担任制導入	52.3%	75.0%	48.0%	46.7%
片方向・相互で乗り入れ授業の実施	60.7%	86.9%	61.3%	54.0%
相互乗り入れ授業の実施	21.1%	45.0%	20.8%	14.6%
教職員の兼務発令	65.4%	90.1%	56.1%	60.7%
一貫教育コーディネーター役の存在	66.5%	46.9%	74.6%	70.7%
校務分掌の合同担当	12.4%	50.0%	2.3%	3.1%
事務の共同実施	32.3%	61.5%	20.2%	26.9%
（参考）該当学校数	1,122	192	173	700

注：「その他」の施設類型については割愛した。

（3）教職員交流に関する取組

小中一貫教育を既に実施している学校では、小・中学校間で教職員の交流をしている事例が多く見られ、小中一貫教育の特色となっている事例も多くあります。そこで、教職員交流に関する取組を実施していた学校の割合を表8に示しました。

この結果を見たところ、「小学校段階での教科担任制導入」、「片方向・相互での乗り入れ授業の実施」、「教職員の兼務発令[7]」、及び、「一貫教育コーディネーター役の存在」という四つの取組が、過半数の公立小中一貫教育校で実施されていました。それに対して、「校務分掌の合同担当」は1割強の学校にとどまっていました。

また、乗り入れ授業について見ると、片方向及び双方向での乗り入れ授業を実施していたのは、60・7％となったのに対して、相互乗り入れに限定すると21・1％となっており、**多くの小中一貫教育校では、片方向のみの乗り入れ授業をすることが多い**ようです。この傾向は、施設分離型の学校、特に一対多の組合せの学校で強まるようです。

このような片方向のみの乗り入れ授業を行う学校を詳細に見ると、小学校から中学校への乗り入れのみを実施していた学校はほとんどなく[8]、中学校から小学校への乗り入れに限定されやすくなっていました。すなわち、原則として中学校教員による小学校への乗り入れが基本となっていて、そこに小学校教員による中学校への乗り入れが付加されることで、小・中学校間の相互乗り入れになるものと理解できます。

7 ここでは、一人でも兼務発令されている場合には、取組を実施したものとして見なしている。
8 小学校から中学校への乗り入れ授業のみを行っているのは、一対多の施設分離型の学校で4校見られるのみだった。

施設類型別に見ると、多くの取組で施設一体・隣接型は施設分離型よりも実施割合が高くなる傾向が見られましたが、「一貫教育コーディネーター役の存在」については、施設分離型の方が上回っていました。これらの取組は、教職員の学校間移動を伴うために、移動が比較的容易な施設一体・隣接型の方が取り組みやすいと考えられます。

しかし、施設分離型の学校では、小・中学校間の移動が必要となるからこそ、コーディネーター役の教職員が集中的にやり取りをして、情報交換等によって効率化を図ろうとしていたことが考えられます。

4. 取組内容と認識された成果との関係性

実態調査では、小中一貫教育による成果について、「大きな成果が認められる」、「成果が認められる」、「成果があまり認められない」、「ほとんど成果が認められない」という4段階の選択肢から各校での認識状況を選ぶ形で尋ねられています。

なお、実態調査では、小中一貫教育による総合的な成果の認識状況に加えて、児童生徒や教職員等に関する様々な側面での成果の認識状況も尋ねています。

ここでは、紙幅の関係もあるため、総合的な成果の認識状況だけを取り上げます。[9]

この結果を見ると、小中一貫教育の総合的な成果はほとんどの学校において認識されていることが分かります。施設類型別に見ると、学校間の移動や連絡調整のしやすい施設一体型では、特に認識された成果は大きくなっていました。ただ、ここで留意すべきなのは、学校間移動が比較

表9　小中一貫教育の総合的な結果の認識状況

		小中一貫教育の総合的な成果認識				合　計
		大きくある	ある	あまりない	ほとんどない	
施設一体型	学校数	37	101	4	0	142
	割合	26.1%	71.1%	2.8%	0.0%	100.0%
施設隣接型	学校数	6	39	4	1	50
	割合	12.0%	78.0%	8.0%	2.0%	100.0%
施設分離型（一対一）	学校数	21	131	19	2	173
	割合	12.1%	75.7%	11.0%	1.2%	100.0%
施設分離型（一対多）	学校数	43	555	98	4	700
	割合	6.1%	79.3%	14.0%	0.6%	100.0%
その他	学校数	5	44	8	0	57
	割合	8.8%	77.2%	14.0%	0.0%	100.0%
合　計（公立全体）	学校数	112	870	133	7	1,122
	割合	10.0%	77.5%	11.9%	0.6%	100.0%

注：施設一体型・隣接型は参考として個別に示した。

的しにくい一対一の施設分離型の学校で約88％、更に学校間の連絡調整に困難が生じやすくなる一対多の施設分離型の学校で約86％が、小中一貫教育による総合的な成果を肯定的に認識していることです。

もちろん、人の移動や交流、連絡調整の面で困難が生じやすいため、施設分離型の小中一貫教育校では様々な苦労があると考えられます。そのような困難があっても、小中一貫教育による成果が学校として認識されているという結果は、改めて指摘したいと思います（表9）。

そこで、前節で見た各取組の実施状況と認識された成果との関係性について考えることにしましょう。具体的には、各取組の有無によってグループ分けをして、成果に関する回答状況を比較することで、どちらのグループでより高い成果が認識されていたのかを見ることになります。

この際、既に示した①施設一体・隣接型、②一対一の施設分

9　報告書では、この章で示した各取組と密接に関係した側面での成果についても分析している。興味のある方は、報告書第Ⅰ部を参照。なお、報告書では、読者が直面する施設類型に応じて読んでもらうことを想定して構成したため、本書のように全体を見る視点を持つ読者にとっては、成果との関係性が把握しづらいかもしれない。

離型、及び③一対多の施設分離型という三つの施設類型別でも比較することで、施設類型による関係性の違いがあるのかについても確認してみましょう。

実態調査では、調査時点に行われていた様々な取組の実施状況と成果の認識状況を尋ねているため、ある取組によって成果が生じるというような因果関係を分析結果から見ることはできません。[10]ここでの分析では、例えば、ある取組と成果認識の大きさは相互に関係しているというような相関関係が見られることになります。

すなわち、取組によって成果が上がるというような直接的な証拠までは示せないのですが、ある取組をしている学校の方がより大きく成果を認識しているという傾向は示されます。このような留意は必要になりますが、取組と成果認識の間にある相関的な関係性であっても、間接的には有益な取組を探るための一つのヒントになると考えられます。

回答状況を比較する際に、各選択肢への回答分布を見ると情報量が多くなってしまい、紙幅が限られているために全ての結果を分かりやすく示すことができません。そこで、便宜的に**表10**のような形で成果認識に関する選択肢を得点化して、各グループに属する学校での成果得点の平均値を「成果スコア」としてコンパクトにまとめました。この**成果スコアが高くなるほど、各グループに属する学校で小中一貫教育による成果を大きく認識されやすくなっていること**を意味します。[11]

表10　成果認識の選択肢の得点化

選択肢	成果得点
大きな成果が認められる	4点
成果が認められる	3点
成果があまり認められない	2点
ほとんど成果が認められない	1点

（1）教育課程や指導に関する取組

まずは、教育課程や指導に関する取組について、取組の有無別に成果スコアを見てみましょう。この結果を表11としてまとめました。この際、取組の有無で成果スコアに0・1ポイント以上の差が見られた場合[12]を中心に、見ることにしましょう。

小中一貫教育を行う公立学校全体で見た場合や施設一体型・隣接型の学校に限定した場合には、ここに示した全項目で取組を行っていた学校グループの成果スコアは相対的に上回っており、0・1ポイント以上の差が見られました。このことから、教育課程や指導に関する取組をしていた学校の方が大きな成果を実感しやすくなっていたことが分かります。

また、施設一体型の学校の結果に目を移しても、一対一及び一対多の両組合せにおいて全8項目で取組をしていた学校グループの成果スコアが相対的に上回っていました。ただ、0・1ポイント以上の差が見られたのは、一対一の組合せで4項目、一対多の組合せで6項目となっていました。

10　常識的には、取組をすることで成果を上げるためには一定程度の時間が必要になると考えられる。調査設計の関係で、今回の実態調査では同時点での取組と成果認識しか分からないので、残念ながらデータからは原因と結果の関係性を想定できない。

11　このように、簡略化したスコアで結果を示すが、仮に各選択肢への回答分布で見たとしても、この章で示す結果の内容が変わることはない。

12　1割の学校で成果得点が1点上昇すると、成果スコアは0・1ポイント上昇する。実態調査は全ての小中一貫教育校を対象とした全数調査として設計されており、一部の学校を抽出して調査する標本調査を想定した仮説検定等の統計学的手法を用いることが適切でない。また、差の大きさの程度に関する絶対的な基準もないのが実情である。

施設類型によって多少の程度の差はありますが、全般的にここで見た教育課程や指導に関する取組をしていた学校の方が、より小中一貫教育による成果を高く認識しやすくなっていたと指摘できるでしょう。

特に、「学力調査等の合同分析・結果共有」、「学習・生活規律の設定」、及び「合同行事の実施」の3項目については、どの施設類型でも安定的に取組をしていた学校で成果がより高く認識されやすいと言えます。

このように、項目や施設類型によって多少の強弱はありますが、ほとんどの場合において教育課程や指導に関する取組と成果認識の間にはプラスの相関関係、すなわち相互作用があったと考えられます。

(2) 人間関係固定化に関する取組

次に、人間関係固定化に関する取組について、取組の有無別に成果スコアを見た結果を表12としてまとめました。

公立校全体での状況を見ると、それぞれの取組をしていた学校の方が高い成果スコアとなっており、同一学年の学級間交流以外の項目については、0・1ポイント以上の差が見られました。このような状況は、施設一体型・隣接型の学校でも同様です。

施設分離型に限定した場合には、一部の例外を除いて、取組をしていた学校の成果スコアは取組をしていない学校のものを上回っていました。0・1ポイント以上の差で取組をしていた学校が相対的に高かった取組については、一対一の組合せで4項目、一対多の組合せで3項目見られ

表11　教育課程や指導に関する取組と成果認識の関係（成果スコア）

	公立全体		施設一体型・隣接型		施設分離型			
					一対一		一対多	
取組の有無	あり	なし	あり	なし	あり	なし	あり	なし
授業スタイルの緩やかな統一	3.06	2.90	3.21	3.11	3.00	2.98	3.01	2.85
学力調査等の合同分析・結果共有	3.07	2.87	3.22	3.04	3.07	2.91	3.00	2.83
小学校段階での基礎学力保障に注力	3.04	2.91	3.24	3.09	3.04	2.95	2.96	2.87
学習・生活規律の設定	3.07	2.86	3.24	2.98	3.04	2.92	3.01	2.84
合同行事の実施	3.05	2.78	3.20	2.73	3.06	2.81	2.98	2.79
合同の児童生徒会の実施	3.08	2.88	3.23	3.02	3.04	2.95	3.01	2.86
中学校部活への小学校高学年の参加	3.03	2.93	3.29	3.05	3.06	2.94	2.93	2.90
合同の特別支援教育関連会議の実施	3.04	2.91	3.22	3.09	3.02	2.97	2.97	2.87

注：「その他」の施設類型については割愛した。

表12　人間関係固定化に関する取組と成果認識の関係（成果スコア）

	公立全体		施設一体型・隣接型		施設分離型			
					一対一		一対多	
取組の有無	あり	なし	あり	なし	あり	なし	あり	なし
多様な活躍の機会設定	3.02	2.90	3.20	3.09	2.99	2.99	2.97	2.85
異学年交流の機会設定	3.04	2.87	3.19	3.04	3.05	2.86	2.98	2.85
同一学年の学級間交流	2.99	2.96	3.23	3.16	2.98	2.99	2.97	2.89
多様な教職員との関わり	3.06	2.88	3.20	2.96	3.07	2.91	2.98	2.87
地域との連携	3.09	2.93	3.35	3.08	3.10	2.93	2.97	2.89
いじめへの早期対応	3.02	2.90	3.26	3.01	3.03	2.92	2.94	2.87

注：「その他」の施設類型については割愛した。

ました。

人間関係固定化に関するほとんどの取組でも、取組を行う学校の方がより成果を大きく認識しやすい傾向が見られており、プラスの相関的な関係性が見られやすくなっていました。

特に、「異学年交流の機会設定」や「多様な教職員との関わり」という2項目では、どの施設類型でも安定して0・1ポイント以上の差で取組をしていた学校が上回っており、取組と成果認識の間のプラスの相関関係が、施設類型にかかわらず見られていたと言えるでしょう。

一方で、「同一学年の学級間交流」に関しては、どちらが大きいかに関係なく、その差は0・1ポイントを下回っていたことから、取組と成果認識に関する関係性は弱いものと考えられます。小中一貫教育は、学年間の縦のつながりを強めることが中心的と考えられますが、横のつながりを広げる同一学年での学級間交流とは、結び

表13　教職員交流に関する取組と成果認識の関係（成果スコア）

取組の有無	公立全体		施設一体型・隣接型		施設分離型			
					一対一		一対多	
	あり	なし	あり	なし	あり	なし	あり	なし
小学校段階での教科担任制導入	3.04	2.89	3.24	2.98	3.05	2.93	2.96	2.86
片方向・相互での乗り入れ授業の実施	3.05	2.85	3.22	2.84	3.06	2.88	2.97	2.84
相互乗り入れ授業の実施	3.13	2.93	3.23	3.12	3.11	2.96	3.04	2.89
教職員の兼務発令	2.98	2.94	3.21	2.84	2.95	3.04	2.89	2.94
一貫教育コーディネーター役の存在	2.99	2.94	3.22	3.13	3.02	2.89	2.92	2.88
校務分掌の合同担当	3.25	2.93	3.27	3.07	3.25	2.98	3.23	2.90
事務の共同実施	3.06	2.93	3.20	3.12	3.06	2.97	2.95	2.89

注：「その他」の施設類型については割愛した。

つきにくいのかもしれません。

また、「同一学年の学級間交流」と同様に取り組む学校の割合が比較的小さかった、「地域との連携」については、一対一の組合せの学校を中心に取組をしていた学校で成果認識は高くなりやすい傾向が見られました。

既に述べたように因果関係が明確に示されたわけではありませんが、学校内での取組が中心的になりやすいという実情があったことを考えると、地域との関係性に目を向けることを検討する余地があるのかもしれません。

（3）教職員交流に関する取組

最後に、教職員交流に関する取組について、取組の有無別に成果スコアを見た結果をまとめた表13を見てみましょう。

基本的に、後で述べる一部の例外を除いては、それぞれの取組をしていた学校の成果スコアが相対的に高くなっていました。このことから、それぞれの取組をしていた学校では、大体において大きな成果を認識しやすくなっていたことが分かります。

特に、小学校段階での教科担任制導入、乗り入れ授業の実施、及び校務分掌の合同担当に関する項目では、施設類型を問わず安定的に０・１

ポイント以上取組をしていた学校の成果スコアが高くなっていました。このことから、これらの取組は成果認識とのプラスの相関関係があるものと考えられます。

なお、例外として、施設分離型での教職員の兼務発令について、0・1ポイントの差までは見られませんでしたが、取組をしていなかった学校の成果スコアが相対的に上回っていました。ただし、施設一体型・隣接型では、兼務発令をした学校が相対的に0・1ポイント以上高くなっており、必ずしも小中一貫教育の成果認識と兼務発令が逆向きの関係性（マイナスの相関関係）になるとは言えないようです。[13]

以上のように、一部で例外はありますが、**小中一貫教育の中での教育課程や指導に関する取組、人間関係固定化に関する取組、そして教職員交流に関する取組を実施した学校では、基本的に小中一貫教育の成果をより大きく認識しやすい傾向がある**と考えられます。

おわりに

この章では、文部科学省による実態調査のデータを二次分析して、小中一貫教育校についての全体的な状況を見てきました。

---

13 データの制約もあり、残念ながらこれ以上の分析はできないのが実情である。分析する成果認識に関する項目を、教職員の兼務発令に密接した成果である小・中学校教職員間で認め合う意識の向上に関する項目に変えても、同様の結果になっていた。このことも踏まえると、施設分離型の学校では小・中学校間の距離が離れていて一体感が育ちにくいという課題が見られやすく、そのような傾向の強い学校で課題を克服するための一つの取組として兼務発令がなされていたのかもしれない。

小中一貫教育の中で行われる教育課程や指導に関する取組、人間関係固定化に関する取組、及び教職員交流に関する取組についての実施状況は、施設形態や学校の組合せを併せた施設類型によって異なることが分かりました。これは、人の移動や交流、学校間の連絡調整のしやすさによって変わるものと考えられます。

また、この章で取り上げたような取組については、大部分において取組をしていた学校の方がより成果を実感しやすいという傾向が見られました。

次章では、幾つかの先導的事例を取り上げて個々の学校や地域の状況も含めて、より詳細な小中一貫教育の状況を見ることにしましょう。

第3章

小中一貫教育の先導的事例

はじめに

1．訪問調査の実施

文部科学省の「小中一貫教育等についての実態調査」（以下、実態調査）は、小中一貫教育を実施する学校（以下、小中一貫教育校）の全体像を様々な角度の切り口（調査項目）から明らかにしています。また、実態調査の調査項目間の関係についての分析は、第2章で行いました。

各自治体で小中一貫教育の導入を検討する際に、確かに実態調査の結果や第2章の分析は、小中一貫教育を導入して目指す姿をイメージするには大変有効です。しかし、具体的にどのように小中一貫教育を検討し推進していくかについての示唆まではあまり期待できません。参考になるのは、先導的事例でしょう。

本調査研究では、先導的事例と考えられる小中一貫教育校及び、その小中一貫教育校を所管する教育委員会に対して訪問聞き取り調査（以下、訪問調査）を実施しました。その調査内容を整理することによって、小中一貫教育の導入を検討する自治体の参考に供したいと考えたからです。

また、小中一貫教育に取り組んでいる自治体や学校への訪問調査は、実態調査とは別の方法で小中一貫教育の実態に迫るものであり、小中一貫教育の実態分析を深めることにつながります。

本書の元となる報告書（以下、報告書）においては20事例を収録していますが、紙面の関係で、本書には8事例（第1節から第8節）のみの収録にとどめざるを得ませんでした。第1章には、20事例に基づき論述している箇所が多々あります。本章に収録していない事例に関心のある方は、報告書（国立教育政策研究所のホームページに掲載）をご覧ください。

訪問調査校及び訪問調査校の概要は次のとおりです。

2. 訪問調査の概要

(1) 訪問調査校の選定

選定に当たっては、第一に、施設一体型だけでなく施設分離型も調査対象とし、小中一貫教育の代表的な取組については、十分に把握することとしました。第二に、全国的に地域的な偏り（地方ブロック、人口規模、都市部や過疎地の区分等）がないように努めました。第三に、全国的に参考となる特色ある小中一貫教育の取組を対象とするよう努めました。

実施した訪問調査は、表に示す20市区町村の小中一貫教育校26件です。実態調査によれば、全国211市区町村で小中一貫教育を実施していますので、市区町村数に限れば、本訪問調査はその1割弱をカバーしていることになります。

(2) 訪問調査の実施

訪問調査は、平成26年8月から27年6月までの期間に実施しました。訪問先は、小中一貫教育校及び教育委員会です。訪問日時と訪問先の一覧は〈資料〉に掲載しています。

(3) 調査項目

なお、第1節から第8節までの報告内容は、断りのない限り訪問調査時のものです。

訪問調査校における主な聞き取り項目は、次のとおりです。

①自治体及び所在地域の概要
②小中一貫教育導入の経緯
③小中一貫教育の実施形態
④教育課程の編成と運営
⑤学校の組織と運営
⑥学校と地域の連携
⑦成果と課題

3．訪問調査校の概要

（1）訪問調査校の施設形態

26件のうち、施設一体型17件、施設隣接型0件、施設分離型5件で、施設一体型と施設分離型の併存等が4件（稚内東地区、日野学園、府南学園、玄海中学校区）です。

実態調査による全国の施設形態別構成から見れば、訪問調査校全体では、施設一体型及び、施設一体型と施設分離型の併存等の割合が特に高く、施設分離型の割合が低いと言えます。

なお、施設一体型と施設分離型の併存等の4件の詳細は、本書の元となっている本報告書第Ⅱ部の該当する章をご参照ください。

（2）学年段階の区切り

4―3―2が最も多く20件であり、次いで6―3の3件（稚内市東地区、府中学園、府南学園）です。3―4―2（豊里小・中学校）、5―4（京都御池中学校ブロック）、その他（教科特性に合わせて区分、連雀学園）はそれぞれ1件となっています。

図　本書で位置付けている小中一貫教育校の3つの型

施設一体型
校舎の全部又は一部が一体的に設置されている小･中学校（渡り廊下等でつながっているものを含む）

施設隣接型
校舎が同一敷地又は隣接する敷地に別々に設置されている小･中学校

施設分離型
隣接していない異なる敷地に校舎が別々に設置されている小･中学校

表　報告書に収録されている事例一覧

報告書第Ⅱ部の章	学校名等	型
1	稚内市東地区	施設一体・分離型
2	豊里小･中学校	施設一体型
3	岩見三内小･中学校	施設一体型
4（第1節）	大原中ブロック	施設分離型
5（第2節）	小中一貫校日野学園	施設一体・分離型
6（第3節）	小･中一貫教育校連雀学園	施設分離型
7	小中一貫校村山学園	施設一体型
8	小中一貫教育校飛鳥学園	施設一体型
9（第4節）	京都御池中学校ブロック 東山開睛館	施設分離型 施設一体型
10	とどろみの森学園	施設一体型
11	富雄第三小中学校	施設一体型
12	湖南学園	施設一体型
13（第5節）	呉中央学園 和庄中学校区	施設一体型 施設分離型
14（第6節）	府中学園 府南学園	施設一体型 施設隣接・分離型
15	土佐町小･中学校	施設一体型
16（第7節）	椿原学園	施設一体型
17	玄海中学校区	施設一体・分離型
18	小中一貫校北山校 小中一貫校富士校	施設一体型 施設分離型
19（第8節）	小中一貫校東原庠舎中央校 小中一貫校東原庠舎東部校 小中一貫校東原庠舎西渓校	施設一体型 施設一体型 施設一体型
20	長崎県小値賀地区*	施設一体・分離型

注：「＊」は高校を含めた小中高一貫教育を実施
網掛けの章は本書で取り上げている事例（（　）は本書第３章の節）
学校名等は各自治体で通常用いられている呼称

実態調査による全国の学年段階の区切り別構成から見れば、訪問調査校全体では、4―3―2の区切りの学校の割合が著しく高く、逆に6―3の区切りの割合が著しく低いと言えます。これは、訪問調査校に施設一体型が多いことに起因すると考えられます。

（3）教育課程特例校の認定等

訪問調査時点において、教育課程特例校の認定を受けているのは6件です。これら6件は全て以前の構造改革特別区域（以下、特区）を引き継いだ形となっています。これとは別に2件は、以前は特区を受けていましたが、現在は教育課程特例校の認定を受けていません。さらに、小中一貫教育の導入に関わって、研究開発学校の指定を受けた小中一貫教育校は3件（呉中央学園、日野学園、とどろみの森学園）です。

（4）自治体全域での小中一貫教育の実施等

26件のうち12件が自治体全域で実施していますが、そのうち4件は自治体唯一の小学校と中学校によるものです。

なお、学校選択制を実施するのは3件（うち2件は隣接区域に限定）、小規模校であって児童生徒数を確保するために例外的に通学区域以外からも児童生徒の通学を受け入れる特認校が4件あります。

（5）コミュニティ・スクールの指定

現在コミュニティ・スクールに指定されているのは、連雀学園、村山学園、京都御池中学校ブロック、東山開睛館です。前三者については、小・中学校合わせた小中一貫教育校全体での学校運営協議会が設けられています。[1]

(6) その他

既に平成11年度から制度化されている中高一貫教育を進める中で小中高一貫教育へと発展し、小中一貫教育が実施されている事例として長崎県小値賀地区小中高一貫教育があります。

また、小中一貫教育が小学校の複式授業の一部解消につながっている事例として佐賀市立小中一貫校北山校があります。共に、限られた教員配置の中であっても乗り入れ授業をすることにより授業条件の充実につなげており、小規模化する学校の教育環境の維持・向上に一貫教育が貢献している点が注目されます。

---

1 平成26年10月に文部科学省の「コミュニティ・スクールの推進等に関する調査研究協力者会議」は、「小中一貫教育を推進する上での学校運営協議会の在り方について」(第一次報告書)において、「中学校区内の小・中学校における一体的な学校運営協議会の設置促進」を提言しているが、これら3件は、その提言を先取りし実施している事例である。詳細は、それぞれの節及び報告書を参照されたい。

〈資料〉訪問日程及び訪問先一覧

1. 北海道稚内市:平成27年6月1~2日
稚内市立稚内東小学校、稚内市立稚内東中学校、稚内市教育委員会(稚内市教育研究所)

2. 宮城県登米市:平成26年9月2日
登米市立豊里小・中学校

3. 秋田県秋田市:平成27年1月27日
秋田市立岩見三内小・中学校、秋田市教育委員会

4. 埼玉県八潮市：平成27年5月28日
八潮市教育委員会、八潮市立大原《だいばら》小学校、八潮市立大原中学校
5. 東京都品川区：平成26年8月22日、平成27年2月4日
品川区立小中一貫校日野学園
6. 東京都三鷹市：平成26年12月5日
三鷹市立第四小学校、三鷹市立第一中学校、三鷹市教育委員会
7. 東京都武蔵村山市：平成26年8月21日
武蔵村山市立小中一貫校村山学園
8. 愛知県飛島村：平成26年9月30日
飛島村立小中一貫教育校飛島学園
9. 京都府京都市：平成26年9月8日
京都市立御所南小学校、京都市立京都御池中学校、京都市立東山開睛館《かいせい》、京都市教育委員会
10. 大阪府箕面市：平成27年2月12日
箕面市立とどろみの森学園、箕面市教育委員会
11. 奈良県奈良市：平成27年2月13日
奈良市富雄《とみお》第三小中学校、奈良市教育委員会
12. 鳥取県鳥取市：平成27年2月24～25日
鳥取市教育委員会、鳥取市立湖南学園
13. 広島県呉市：平成26年10月7～8日
呉市教育委員会、呉市立呉中央学園、呉市立和庄小学校
14. 広島県府中市：平成26年12月10日
府中市立府中学園、府中市立第一中学校、府中市教育委員会
15. 高知県土佐町：平成26年12月4日
土佐町立土佐町小・中学校、土佐町教育委員会
16. 高知県梼原《ゆすはら》町：平成26年12月5日
梼原町立梼原学園、梼原町教育委員会

17．福岡県宗像市：平成26年9月9日
宗像市教育委員会、宗像市立玄海小学校、宗像市立玄海中学校

18．佐賀県佐賀市：平成27年1月19～20日
佐賀市教育委員会、佐賀市立小中一貫校北山《ほくざん》校、佐賀市立小中一貫校富士校

19．佐賀県多久市：平成26年9月10日
多久市立小中一貫校東原庠舎《とうげんしょうしゃ》中央校、多久市立小中一貫校東原庠舎東部校、多久市立小中一貫校東原庠舎西渓校、多久市教育委員会

20．長崎県小値賀《おぢか》町：平成27年2月19～20日
小値賀町教育委員会、長崎県立北松西高等学校、小値賀町立小値賀小学校・同大島分校、小値賀町立小値賀中学校

※小中一貫教育校の名称は、自治体で通常用いられている呼称を用いている。なお、訪問先に教育委員会が入っていない市区町村については、いずれも訪問した小中一貫教育校において教育委員会からの聞き取りを行った。また、八潮市立大曽根小学校の聞き取りは大原小学校及び大原中において、呉市立和庄中学校からの聞き取りは和庄小学校において、宗像市立玄海東小学校及び地島小学校の聞き取りは玄海東中学校で行った。

第1節　埼玉県八潮市立大原《だいばら》中ブロック

―大曽根小学校、大原小学校、大原中学校

1．小中一貫教育導入の経緯

（1）八潮市における小中一貫教育導入の背景とねらい

八潮市の小中一貫教育の取組は、平成17年度に始まります。

当時、不登校の児童生徒が多い、基礎学力の定着が不十分である、非行・問題行動が多いという課題がありました。そこで、学力の向上と豊かな心の育成を目指すために、小・中学校間で連絡を密にする、9年間を見通した学習指導を行う、保護者・地域・学校が一体となって児童生徒を見守る、児童生徒の交流を促進するなど、小中一貫教育を一つの手法として取り入れることによって解決を図ろうとしました。

小中一貫教育の具体的な内容として掲げられたのは、①施設一体型小中一貫校の建設、②6―3制から4―3―2制への移行、③小学校5年生からの一部教科担任制、④市独自の教育課程編成で、平成19年度より市内5校の小・中学校に研究を委嘱し、小中一貫教育を推進することを決定しました。

第1点の施設一体型小中一貫校の建設は、当時の市長選挙の公約でもありました。市の北部の小学校と中学校を一体型として整備する計画について、平成18年に議会の議決を経て地域説明会

八潮市の概要

埼玉県の東南端に位置する八潮市は、平成26年1月現在、人口約8万5000人、面積は約18平方キロメートルである。平成17年8月のつくばエクスプレスの開業に伴い「八潮」駅が設けられた。その後、市の人口は1万人近く増え、ベッドタウンとしての性格を強めている。

平成27年度現在、八潮市の小学校は10校（児童数は4,553名）、中学校は5校（生徒数2,175名）である。平成25年4月には、学校間の児童生徒数の調整及び、小学校と中学校の通学区域の対応の調整のために、通学区域の変更が小学校と中学校において行われた。

を頻繁に開催しましたが、結局、地域住民や保護者等から理解が得られず、教育委員会で見直しの議決に至りました。そこで、施設分離型のままで小中一貫教育の研究を進めることになったのです。

（2）八潮市における小中一貫教育推進体制

平成18年度には、構造改革特別区域（八潮市小中一貫教育特区）の認定を受けるとともに、八潮市小中一貫教育推進準備委員会（各学校から選出された教職員により構成、事務局は教育委員会）を設けました。この委員会は、全市的な取組を検討する組織であり、平成21年度から小中一貫教育推進委員会（次頁の図参照）に名称を改め、現在も継続されています。[1]

翌19年度には、5校へ研究委嘱（3年間）を行い、特区による教育課程の段階的な導入を図りました。次いで20年度には残り10校へ研究委嘱（2年間）を行い、5中学校ブロック[2]の全小中学

1　図に示す校長会及び教頭会は、いずれも小学校と中学校合同の組織である。

2　八潮市では、一つないし複数の小学校区が一つの中学校区を構成する形にはなっておらず、小学校区と中学校区には複雑なズレがある。そのため、小中一貫教育を進める単位は中学校区ではなく、2校の小学校と1校の中学校の組合せとしており、それをブロック（中学校名を冠している）と呼んでいる。

図　八潮市小中一貫教育推進委員会の組織

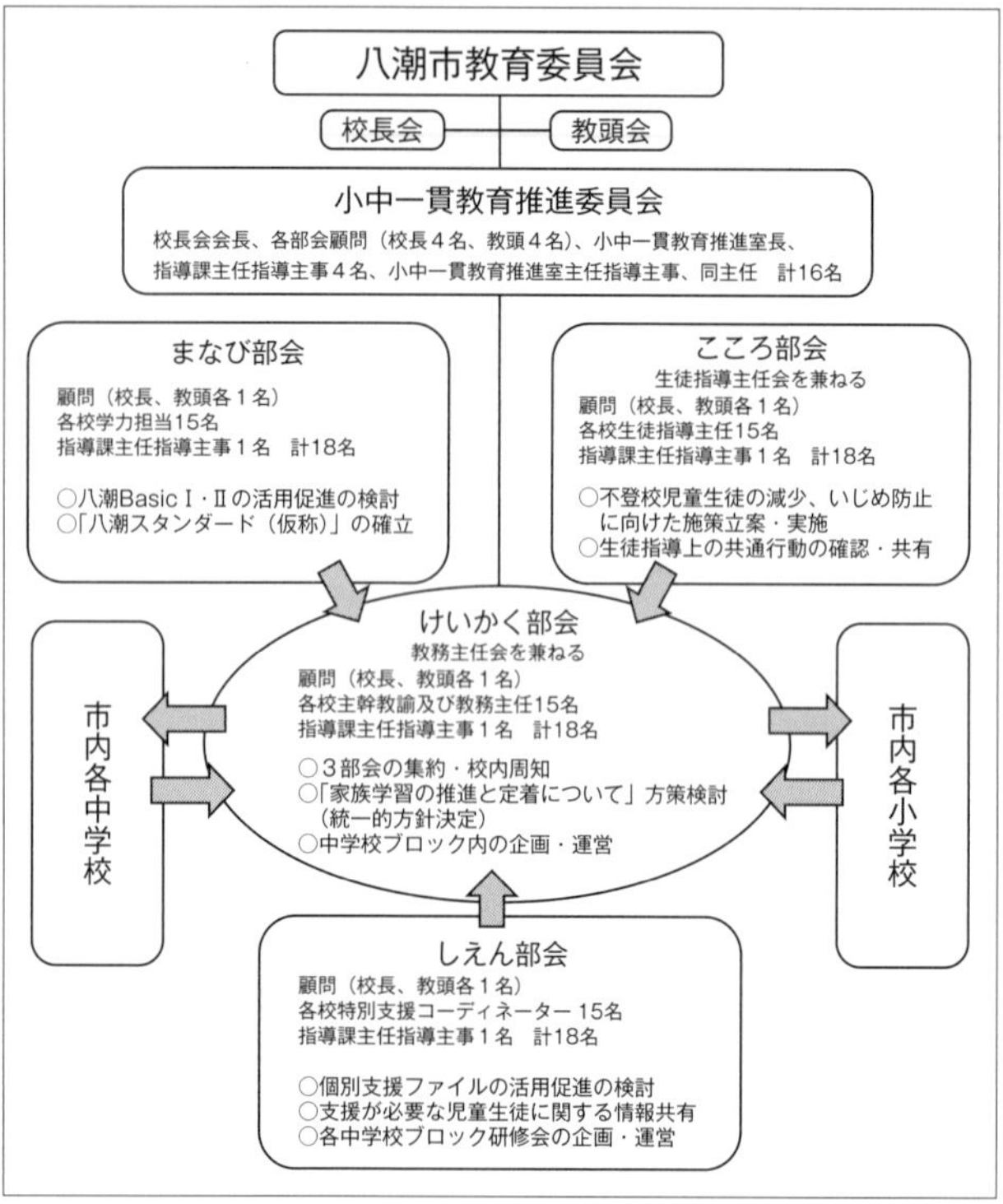

出典：八潮市教育委員会提供資料

校で研究が開始されました。研究委嘱が終了した翌年度（平成22年度）には、改めて市内全小中学校に小中一貫教育の研究指定が行われましたが、教育委員会はこの年度をもって小中一貫教育の全面実施としています。

各学校への小中一貫教育研究助成金は、毎年1校当たり14万円ですが、その年の研究発表担当校については、更に5万円が加算されます。なお、校内研修も、全校ともに小中一貫教育に関わる内容に統一するなど、小中一貫教育に対する取組体制は徹底しています。

また、毎年度、保護者や市民を対象とする合同報告会が開催されています。さらに、教育委員会は毎年度、1年間の小中一貫教育の取組等をとりまとめたリーフレット「はばたきプラン」を作成し、全保護者、関係者に配布しています。

(3) 大原中ブロックにおける小中一貫教育の導入

大原中ブロックで研究が開始されたのは、平成20年度です。平成23年度に大曽根小学校、大瀬小学校、大原小学校、大原中学校の4校で研究発表を行いました。当時は、大瀬小学校を含む4校でブロックを構成していましたが、先述の通学区域の変更により、現在は大曽根小学校、大原小学校、大原中学校の3校で構成しています。

2. 小中一貫教育の実施形態

八潮市では、小学校と中学校の通学区域の対応関係が複雑で、卒業生が複数の中学校へ進学する小学校が7校あります。大原中ブロックの大曽根小学校では3割弱、大原小学校では1割程度の児童が大原中学校以外に進学します。また、大原中学校へは、大曽根小学校、大原小学校以外にも二つの小学校から進学してきます。したがって、全ての児童生徒が同一ブロックで9年間を通じて学ぶわけではないという点に注意が必要です。

また、八潮市では、前述のように4―3―2という学年区分を採っています。特区の認定(平成18~20年度)と教育課程特例校の指定(平成21~22年度)を受けていた時期には、学年区分を考慮した新教科の時間配当が行われていました。

しかし、教育課程特例校の指定を受けていない現在では、4―3―2という学年区分を強く意識するのは、「八潮Basic」、「八潮市小中一貫教育生活・学習ガイド」などを活用する機会にとどまっています。

なお、大曽根小学校、大原小学校、大原中学校の学級数等は、表に示すとおりです。

小中学校間の距離は、大曽根小学校よりも大原小学校の方が大原中学校により遠く、その距離は約８００メートルです。

表　児童生徒数及び学級数（平成27年度）

学校名	児童生徒数	学級数（うち特別支援学級）
大曽根小学校	493	17（2）
大原小学校	637	20（1）
大原中学校	587	18（2）

出典：各校の学校要覧より作成

3．教育課程の編成と運営

（1）八潮市における教育課程編成の変遷

特区により、総合的な学習の時間の時間数を減らし、小学校については「英語活動」（コミュニケーション能力の育成や望ましい人間関係づくり）、「えらべる科」（基礎基本の定着を図るための習熟度に応じた国語、算数・数学、児童生徒の興味・関心を生かした食育科や情報科など）という新教科を設定するとともに、特別活動の時間数の増加を行いました。

中学校については、選択科目と総合的な学習の時間を減らし、「えらべる科」の新設と外国語、特別活動の時間数の増加を図りました。

また、小学校、中学校ともに総合的な学習の時間を「ふるさと科」（ふるさとの学習を人とのふれあいを通して学習する）と名称変更しました。教育課程特例校においても特区の新教科を継続しました。

しかし、平成23年度の新学習指導要領の全面実施に伴って特例校の指定を外れ、現在は学習指導要領の下で小中一貫教育を実施しています。ただし、総合的な学習の時間は、「こくさい科」（3・4年生のみ）、「えらべる科」、「ふるさと科」に分けて、特区以来の活動が継続できるように工夫しています。

（2）各ブロックで共通した取組

大原中ブロックの3校も含めて八潮市の小学校と中学校では、小中一貫教育推進委員会の部会で検討し作成されたものを共通に活用して取り組んでいます。

代表的なものは、次のものがあります。

「けいかく部会」：単元配列表、小中一貫教育Q&A、参観のしおり
「まなび部会」：八潮 Basic（学年区分別の国語と算数・数学の基礎学力問題集）、ノート指導モデル、外国語活動学習指導案・資料集、春休みの課題
「こころ部会」：生活ガイド・学習ガイド
「しえん部会」：個別支援ファイル

上記のうち、八潮 Basic は、教育委員会が小学校3年生以上の全児童生徒に配布する学年区分別に編集された問題集であり、朝自習、家庭学習、夏休み等で使用しています。春休みの課題は、小学校6年生の春休みに出され、中学生になって課題に基づく試験が行われます。

生活ガイドと学習ガイドは、発達段階に応じて一貫性のある生活・学習態度を身につけるため

の目標として作成された下敷き状のもので、学校生活の時々で教員の指示で取り出し、規律の確認に役立てられています。個別支援ファイルは児童の記録を記したもので、進学した中学校に引き継がれます。

このほか、6年生が中学校で体験授業を受けたり部活動体験をしたりするジョイント教室も各ブロックで行われています。

(3) 大原中ブロックにおける独自の取組

児童と生徒の交流については、運動会を小中合同で行うブロックがあったり、小中合同の合唱を行うブロックがあったりと、中学校ブロックの状況に応じて取組は様々です。大原中ブロックでは、小学校のサマースクールやウィンタースクール（補習学習）に中学生が来て小学生を教えたり、小学校のクラブ活動と中学校の部活動との合同練習（ハンドボール）を行ったり、中学生が小学校に来てあいさつ運動をしたり、中学生が小学生へ読み聞かせをしたり、小学生に贈る温かい言葉を中学生が掲示物にまとめ励ますなどの独自の交流を行っています。

4．小中一貫教育のための組織運営

(1) 大原中ブロックの研究主題

3校にはそれぞれの学校教育目標がありますが、これとは別に、共通の研究主題を設けて、小中一貫教育の研究に合同で取り組み、共通の実践を行っています。

研究主題は、「学力の向上と豊かな心を育成する小中一貫教育の推進」であり、副題は「ぽか

ぽかトライ　かしこく　生き生きと学ぶ子どもの育成をめざして」とされています。

主題は、八潮市小中一貫教育の目標そのものです。副題の「ぽかぽかトライ」には、温かい言葉を大切にし、暖かい環境をつくり、子供の内面を育てたいとの思いが込められています。

学校教育目標を統一しない理由は、学校の課題は学校によって異なること、そして学校教育目標をつくるのは校長の大きな役割であり、施設一体型では適切ですが施設分離型では必ずしもそうではないと考えられるためです。

(2) 小中一貫教育のための研究組織と活動

3校で取り組みやすくするために、3校とも小中一貫教育推進委員会の部会に対応させて、「けいかく部会」、「まなび部会」、「こころ部会」、「しえん・健康部会」の4部会を置いています。そして、教職員はいずれかの部会に所属して部会活動を行います。平成27年度の計画的な研修会は、4部会合同の全体研修会が7回、4部会別研修会が5回予定されていますが、秋に大原中ブロック研究発表会を開催するため、随時、部会研修会が行われている状況にあります。

3校がこれまでの実践研究において進めてきた取組のうち、大原中ブロックの特色のある活動として定着したものとしては、小中双方の教員による授業参観と協議（以前は一部の教員に限られていましたが、全員参加に拡大）、夏季休業中の合同研修会、合同保健委員会（保護者も加わっての学習会も開催）、学習の10か条（授業や学習の規律や心構え）の共通実践、中学生の定期試験中における小学生の家庭学習週間の実施、中学校入学後1か月の学校生活についての中学校と小学校担任等との情報交換会、3校の児童生徒に対するアンケート調査の実施等があります。

なお、乗り入れ授業は、現在のところやっておらず、兼務発令はありません。

5．学校と地域の連携

小中一貫教育を始めてから、学校保健委員会や家庭教育学級を3校合同で行っており、3校のPTA同士の結びつきが強くなりました。また、校内講演会に地域の方を講師に招いて開催したり、例えば、携帯電話・スマートフォンやインターネットの利用等の児童生徒をめぐる環境変化や課題について、小学校と中学校の保護者とともに学んだりする取組も行われています。

さらに、大原中学校では、授業参観の案内を、小学校6年生の保護者にも出しています。このように、保護者を巻き込んだ小中一貫教育となっています。

学校は、小中一緒に取り組んでいることを様々な機会を通じて発信しており、それは保護者や地域住民にとって容易に理解できない学校教育全体の様子や動きを分かりやすいものにしています。

6．成果・課題と今後の方向

八潮市教育委員会は、小中一貫教育の大きな成果として2点を挙げています。一つは、基礎学力の向上です。埼玉県の実施した調査（「教育に関する3つの達成目標」効果の検証結果）では、導入当初と比較すると、基礎学力は県平均を上回りました。不登校については、八潮市の発生率は県平均の2・3倍もありましたが、県平均を下回るようになりました。

学校においても、小中一貫教育導入当初の基礎学力、不登校、非行問題行動に関わる課題が急激に解消され、学校は劇的に良くなったと実感されています。様々な取組が功《こう》を奏したと言えますが、とりわけ生徒指導上の問題に対して、中学校と小学校が連絡を取り、直ちに対応が取れるようになったことは、大きな変化であると捉えられています。

一方、課題について見ると、当初教育委員会が目指した小中一貫教育の実現という観点からすれば、①施設一体型の小中一貫校の建設と③小5からの一部教科担任制は、実現できていません。①に関して、平成26年9月の学校教育審議会の答申は、施設一体型や併設型の設置を検討することを提唱しています。

③に関して、学校からの聞き取りでは、施設一体型であれば中学校教員の乗り入れ授業により教科担任制が可能となるとの意見も聞かれました。施設一体型校舎の整備と教科担任制の実施が、小中一貫教育の発展にとって次の政策課題として残っています。

このほか、学校が認識する課題には次のものがあります。

一つは、小中一貫教育の取組が普通のこととなりつつあり、外部からは成果が見えにくくなってきていることです。10年間築き上げた取組に対する関係者の理解と周知を図る必要があるとされています。

もう一つは、4―3―2という学年区分における施設分離型の限界です。

指導上の理念としては意味があるものの、この学年区分を徹底しようとすれば無理が生じます。分離型で十分成果が上がっている現状から考えれば、4―3―2という学年区分の意味は薄くなっているとの意見があります。

7．八潮市及び大原中ブロックにおける小中一貫教育の特色

第一に、八潮市における小中一貫教育体制の構築は、小中一貫教育推進委員会に参加する**教職員によるボトムアップ**でなされたという点です。また、「できることから創《はじ》める」、「地域の特性を生かして校長の判断で進める」、という教育委員会の姿勢もあって、各ブロックの小中一貫教育活動は、ブロックの特色を出しながら着実に発展してきています。

第二は、**地域の人に「学校が変わった」と言われるほど成果が上がっている**ことです。施設分離型、しかも通学区域の関係から必ずしも同一中学校ブロック内の中学校進学とはならない生徒が一定数いる状況の中で、当初の小中一貫教育の導入目的である学校教育課題の解決を十分果たしたことは、特筆されます。

一般的に、**小学校と中学校の通学区域の対応にズレがある市町村では、小中一貫教育導入の効果は余り期待できないと考えられがちですが、そうではない**ことを実証する貴重な先進事例です。

第2節　東京都品川区立小中一貫校日野学園

―第二日野小学校、日野中学校

1．品川区における小中一貫教育導入の経緯

（1）小中一貫教育の必要性と小中一貫教育のねらい

中学校段階で発生率の高くなる不登校や問題行動から読み取れるように、小学校から中学校の接続場面における学習や生活指導の継続性や系統性が希薄であるという問題がありました。また、その解決のためには、小学校と中学校の教員の連携が必要ですが、小学校教員と中学校教員の学力観や指導観に根ざす相互の不信感がありました。

平成12年度から、小中連携教育推進校において、小・中学校が連続した学びの研究と実践を進めてきましたが、抜本的な解決につながる成果には至りませんでした。そこで、構想されたのが小中一貫教育です。

品川区の小中一貫教育は、小・中学校間に存在する学力観や指導観、広い意味での教育観などの違いを是正し、子どもたちから学習上の負担を取り除くとともに、人間形成上の連続性を持たせることをねらいとしています。

（2）品川区小中一貫教育要領の策定と内容

平成14年3月に教育委員会は「小中一貫校開設」を公表し、翌4月には「小中一貫校開設準備

図1　小中一貫教育の学年区分

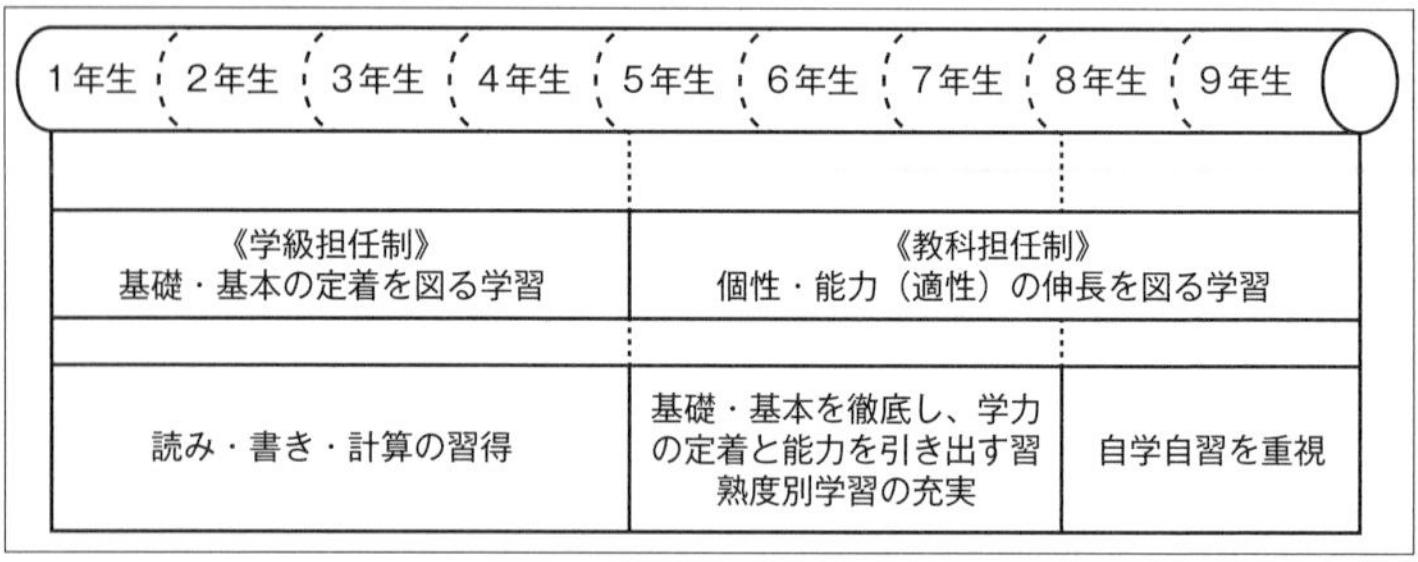

出典：品川区教育委員会「品川区の一貫教育」2005（リーフレット）

図2　小中一貫教育の教育課程の編成（平成17年）

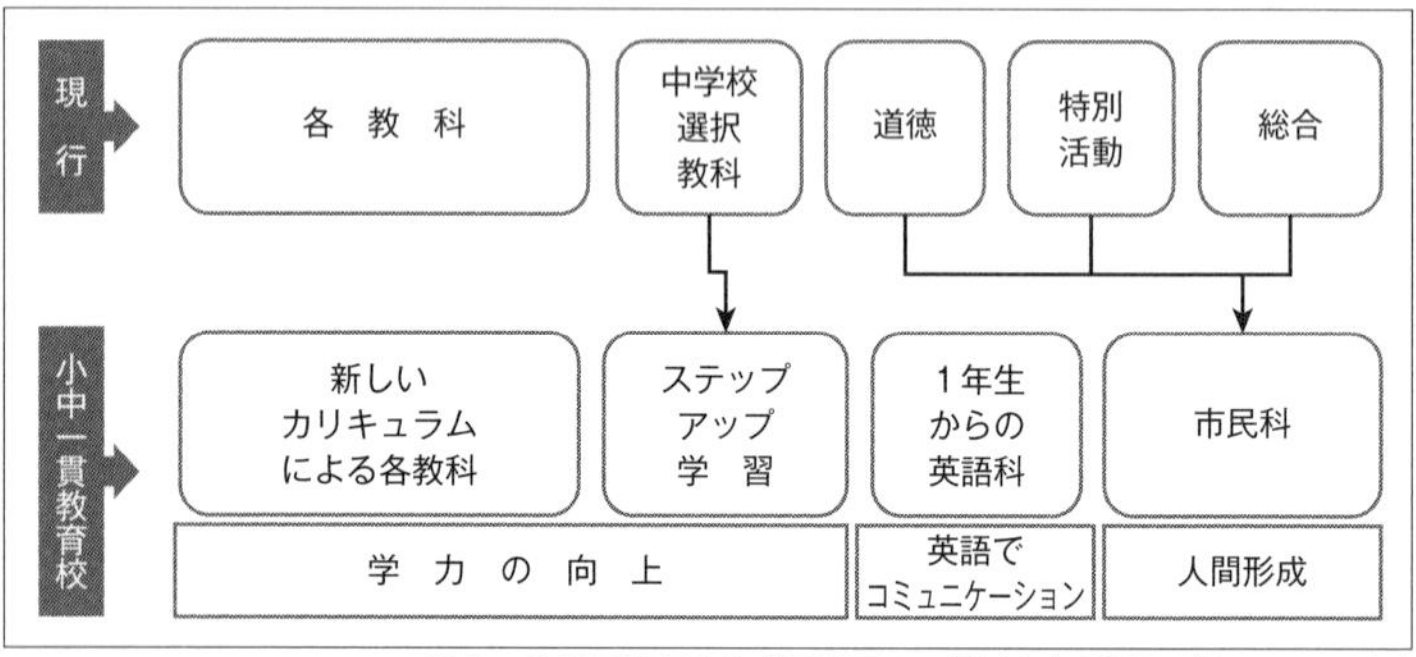

出典：品川区教育員会「品川区の一貫教育」2005（リーフレット）

委員会」等を開設して、具体的な検討を開始しました。平成15年3月には、4—3—2年という学年のまとまりなど、小中一貫教育校の教育課程の考え方を公表しました。

1〜4年生は、基礎・基本の定着を図る学習、5〜9年生は、個性・能力（適性）の伸長を図る学習の時期とされています。さらに、後半の5〜9年生は、5〜7年生と8・9年生に分けて、**図1**のような指導を行うとしました。

平成15年4月には、各教科カリキュラム作成部会を発足させ、2年強をかけて「小中一貫教育要領」を完成させま

品川区の概要と教育改革

東京都の南東部に位置する品川区は、平成26年現在、人口約37万人を擁する。面積は約22.7平方キロメートルであり、東の臨海部から西の山の手につながる台地からなる。

臨海部には、京浜工業地帯の一角をなす国際物流の拠点である大井埠頭、オフィスビル群、大規模計画団地等があり、西にはオフィスビルやマンションなどの高層ビルが立ち並ぶ地域がある一方、高台の閑静な住宅地、さらには庶民的な活気のある商店街があるなど、地域性が豊かである。

区立の小学校と中学校は、それぞれ37校と15校を数えるが、品川区では平成18年度から全ての小・中学校で小中一貫教育を実施している。

品川区の教育改革は、学校選択制の導入（平成12年度）、外部評価者による学校評価の導入（平成14年度）、校長のビジョンに基づく特色ある教育活動推進のための予算配当の実施などでも知られているように、当時の教育長の下、全国の義務教育段階の教育改革をリードしてきた自治体である。

小中一貫教育も含め、それらの改革は、平成11年8月に教育委員会が策定した「プラン21」の下で、教員の意識改革と学校教育の質的転換を目指して進められてきた。

した。このカリキュラム編成の大きな特徴は、学習指導要領の教科等の組替え等によって、独自に「市民科」、「英語科」、「ステップアップ学習」を設けていることです（図2）。

「市民科」は豊かな社会性や人間性の育成、「英語科」は9年間を通して聞くことや話すことを中心とした実践的・実用的コミュニケーション能力の育成、「ステップアップ学習」は各教科の横断的な基礎・基本の定着と補充・発展的な内容の学習や問題解決能力の育成などのためでした。

また、独自の教科書や副教

科書等も作成しています。このような取組は、平成15年8月に「小中一貫特区」の認定を受けることで、可能となりました。そして、平成20年以降は教育課程特例校制度に引き継がれ、小中一貫教育は発展してきています。

（3）小中一貫教育の展開

当初、品川区の小中一貫教育は、施設一体型である「小中一貫校」で実施することを想定して構想されてきましたが、平成16年2月に教育委員会は、最初の小中一貫校が開校する18年度より、小中一貫教育を全小・中学校で実施することを決定しました。これにより、小中一貫教育は二つのタイプで行われることになりました。一つは「施設一体型一貫校」であり、もう一つは、「施設分離型連携校」です。

最初の施設一体型の小中一貫校が「日野学園」です。施設一体型は、平成26年度までに新たに5校が開校しました。「伊藤学園」、「八潮学園」、「荏原平塚学園」、「品川学園」、そして「豊葉の杜学園」です。品川区は四つの地域ブロックに分かれますが、小中一貫校は、大きな地域ブロックには2校、小さな地域ブロックには1校と地域バランスよく配置されています。

施設分離型連携校の構成は、小学校1校と小中一貫教育を行う中学校が4校、小学校2校と行う中学校が4校、小学校3校と行う中学校が5校、小学校4校と行う中学校が1校です。この中学校の数と施設一体型一貫校の6校を合わせた数は、中学校全体の数を上回りますが、それは施設一体型小中一貫校6校のうち5校の中学校は、施設一体型となっていないほかの小学校と施設分離型連携校という関係にあるからです。

2．日野学園の実施形態

（1）小中一貫校の検討と開設

小中一貫校開設の公表の後、平成14年度に入り外部委員、小・中学校長からなる小中一貫校開設準備委員会で、施設と教育課程の二つの部会に分かれて、検討が行われました。そこでの教育課程の検討は、先述の品川区小中一貫教育指導要領の策定に発展しました。

一方、施設の検討結果は、市街地再開発事業地域にある第二日野小学校の校舎を解体し、その敷地に日野中学校を移転し、区の総合体育館を移転させて複合化を図り、小学校と中学校の施設を一体的に整備するというものでした。

施設については、その後、設計事務所によるプロポーザルコンペを経て、教育委員会による整備計画がまとめられました。地上6階地下2階の建物とし、1階から地下2階にかけて学校体育館、総合体育館、地域開放を行う温水プールを整備し、人工地盤を設けた2階に運動場を設け、2階以上には多目的スペースの両側に教室を配置するという、狭い敷地を最大限に活用した、まさに都市型の学校施設でした。

その一方で、第二日野小学校と日野中学校は、平成14年度から文部科学省の研究開発学校の指定を受けて、3年間小中一貫教育課程の研究を実施し、開校に備えました。小中一貫校日野学園は、平成18年4月に開設されました。

（2）日野学園の児童生徒の状況

平成26年4月現在、児童生徒数の合計は1009人（32学級）。6年生までは各学年3学級ですが、7年生以降は4学級となります。特別支援学級は2学級設けられています。

6年生と7年生の間の流出入について見ると、6年生のうち約3割に当たる約30人が私立等へ進学します。この割合は、周辺の一貫校ではない小学校よりもはるかに低いと言います。

7年生では、日野中学校の通学区域になっている第二日野小学校以外の3小学校からの入学者（抽選なし）のほか、学校選択制による入学者（抽選あり）がいますが、通学区域外からの希望者については、数名が抽選に漏れる状況にあります。つまり、6年生から7年生の間に1学級減り2学級増える形となります。平成26年度の7年生の内部進級者の割合は42・5％です。

（3）施設分離型連携校

第一日野小学校、第三日野小学校、御殿山小学校が、日野中学校との連携校となっています。連携校は、中学校進学の実績を基に定められており、必ずしも学区域の小学校とは限りません。

3. 日野学園の教育課程の運営

（1）教育課程の特色

東京都の方針にのっとり、平成25年度より品川区では月に2回、土曜日に全校で授業を行っています（ただし、4月と5月は1回）。これに加えて、日野学園では、週4回1～4年生では「根っこの時間」と称して、朝に基礎補充の時間（30分）を設けています。また、「ステップアップ」の時数も増やしており、国の学習指導要領よりも年間100時間増、9年間で約1000時間の増加となります。これは、先述の品川区一貫教育指導要領が定める時数をかなり上回る時数です。

また、習熟度別の授業を低学年から実施しています（例えば2年生で、算数を2クラス3展開）。中学校では、英語、数学、理科、社会において習熟度別授業を行っています。

時程は、朝学活の開始は全学年一緒ですが、1～4年生が45分授業、5年生以上では50分授業を行うため、校時及び下校の時間は1～4年生と5年生以上では違いがあります。

ところで、特に力を入れている英語科では、6年生で中学校の授業の先取りを行っています。したがって、ほかの小学校から7年生に入ってくる生徒には、学習の遅れの調整が必要ですが、これについては「ステップアップ」の時間で補充学習を行い、1学期で埋めています。

（2）乗り入れ授業と教科担任制

中学校から小学校への乗り入れ授業は、英語（3人）を中心に、理科、音楽、家庭科、図工（各1人）で実施しています。逆に小学校から中学校へは、乗り入れ授業ではありませんが、社会と体育の中学校免許を持った小学校籍の教員が学級担任に着いています。さらなる乗り入れ授業等の拡大は教員免許の制約が大きく、容易ではありません。

また、5年生と6年生は学年の教員による教科担任制を行っています。あわせて、5年生と6年生では、中学生と同様に定期試験を行います。

（3）特別活動の工夫

運動会は、開校3年目までは小中一緒でしたが、出演回数が少なくなるため、現在では1～4

年生と5年生以上を分けて実施しています。文化祭は5～9年生の行事であり、学年別学級対抗の合唱コンクールを行います。児童生徒の委員会についても、5～9年生で取り組みます。部活動は、5年生から参加できることが大きな特色となっています。このほか、8年生では3泊4日の勉強合宿が行われます。

4. 日野学園の組織運営

(1) 学校組織

平成26年4月現在、職員数は93人で、このうち、校長1人、副校長3人（うち1人は統括副校長）、主幹教諭0人、主任教諭13人、教諭37人、養護教諭3人であり、教員にはこのほか講師が10人配置されています。

品川区では、英語科の授業や小中一貫教育を推進するために、区の独自採用の教員を雇用しており、その数は現在18人を数えます。そのうち2人は、日野学園に配置されていますが、いずれも小学校と中学校の双方の免許を持っています。

(2) 校務分掌

校務分掌として、総務部、一貫教育推進部、教務部、生活指導部、進路指導部の5部が置かれています。総務部を除く4部の主任には主と副がいますが、小学校籍の教員が主である場合は副を中学校教員が務め、中学校教員が主の場合には小学校教員が副を務めるように、小中のいずれかに偏らず担当する体制が採られています。また、1～4年生、5～7年生、8・9年生の各ブロック長は、3人の副校長が分担しています。

なお、小中合同となっている職員室では、小中の壁を取ることをねらって、1年目には校務分掌ごとに教員の机のまとまり（島）をつくっていましたが、学年や授業の打合せが容易でないことから、2年目からは学年別の島に改めました。

（3）各種会議

主な会議は、外部評価委員長が参加する「学校経営会議」、校長、副校長、主幹教諭、主任教諭からなる「学校運営会議」、さらに学年主任、ブロック長、事務主任が入る「拡大運営会議」、全教職員の「職員連絡会」、そして「ブロック会」と「学年会」です。

学校運営会議は毎朝校長室で行われ、月曜日には学校運営会議の後に拡大運営会議が加わります。水曜日は5校時までで、児童生徒の下校の後が研修会も含めた会議の時間となります。職員連絡会は、月に一回の開催です。

なお、小中一貫校同士の情報交換も重要であるため、平成25年度から教育委員会は、6校をメンバーとする「小中一貫校連絡会」を設けています。そこでは、教育委員会職員とともに6校共通の取組を確認したり、各校の特色について情報交換をしたりしています。

（4）連携校との研修交流

連携校との関係は、教員の研修が中心です。年に3回「小中一貫の日」が設けられており、1回目は小学校の教員が中学校に来て授業参観と情報交換を行い、2回目は講演会が実施されます。3回目は中学校の教員が分かれて小学校の授業参観に行き、併せて情報交換を行っています。このほか、夏期休暇に行われる中学校の理科の実験教室に小学校の教員が参加することがあります。

5．学校と地域の連携

地域との連携活動には、主なものとして、月に1回の児童生徒による地域清掃、地域と合同の防災訓練、町会のはんてんを借りて行う運動会の表現活動、地域の祭りへの参加などがあります。また、PTAは小中合同の組織となっています。

なお、地下にある温水プールは、学校が使わない時期や時間帯には地域開放されており、その管理運営は総合体育館が行っています。

6．小中一貫教育の成果と課題

平成27年度に10年目を迎える日野学園では、この機会に、保護者アンケート調査などを実施して、学校独自の検証を行おうとしています。成果と課題の詳細は、その検証作業を待つことになりますが、学園長によると、これまでの主な成果と課題には次のものがあります。

(1) 成果

児童生徒に関しては、第一に、**中1ギャップが小さくなりました**。第二に、先述のような様々な取組によって、**学習の定着**が進みました。第三に、**中学生に小学生を思いやる気持ちが育っているこ**とです。例えば、休み時間の運動場の使用についても、小学生に場所を譲るなど、優しく接しています。

教職員に関しては、小学校及び中学校の教員にとって、お互いの学校のことがよく分かり、小中一貫教育校ならではの経験となっています。他学種の児童生徒への接し方を学んだり、小中の**教員の協働により教員の資質向上**につながったりしています。また、**教員のモチベーションも高まりました**。

（2）課題

一つは、**教職員の多忙化や負担感の問題**です。

小中一貫教育校では、小学校の教職員と中学校の教職員の意思疎通を十分図ることが大切となります。したがって、小中一貫教育校の宿命ですが、会議の回数が多くなります。必要な意思疎通をいかに効率よく進めるかが課題となっています。

また、例えば中学校の教員が小学校で授業を行うような場合、これまで経験のない学年を担当することになるため、一から教材研究や準備を始める必要があり、時間を要します。さらに、小学校の教員も、部活の顧問を担当するため、特に小学校の学級担任は空き時間が限られてきます。

もう一つは、**学年ギャップとリーダー性の育成に関わる課題**です。

小中一貫教育の指導の要は、中学校体制に移行する5年生から7年生のブロックにあります。中1ギャップがなくなることは成果ですが、今度は5年生にギャップが生じることがあります。一方で、7年生にリーダー性が育っていると見られます。これは、5～7年生ブロックの教育の結果でもあります。6年生のリーダー性を施設分離型の小中一貫教育校と同様に育成すべきか、また、育成するとすればどのような有効な手立てがあるか問いかけられています。

7. 日野学園の特色

特色は挙げれば限りがありませんが、日野学園を大きく性格付けるものに絞ると、次の2点が考えられます。

第一は、施設一体型小中一貫教育校のパイオニアとして、その役割を十分に果たしてきていることです。教育課程、学校組織、学校運営、施設整備、さらに成果等は、全国の自治体や学校において小中一貫教育の導入の検討や実施に際して大いに参考とされ、そのノウハウが各地に伝わっています。

第二は、施設一体型ですが、施設分離型連携校でもあるという点です。小学校から中学校への進学段階で、連携校である小学校等からも一定数の進学者がおり、そのような、いわゆる外進生（外部進学生）にも十分に応えていると考えられます。

〈参考文献〉
①品川区教育委員会『品川区小中一貫教育要領』講談社、2005年
②品川区立小中一貫校日野学園『小中一貫の学校づくり』教育出版、2007年
③若月秀夫編著『学校大改革　品川の挑戦』学事出版、2008年

第3節 東京都三鷹市小・中一貫教育校連雀学園

―第四小学校、第六小学校、*南浦小学校、*第一中学校

1．小・中一貫教育導入の経緯

（1）三鷹市における小・中一貫教育[1]の導入経緯

三鷹市では、平成15年4月に市長によって小・中一貫教育の構想が提案されて以降、同年7月に「三鷹市立小・中一貫教育基本計画検討委員会」を設置し、小・中一貫教育の実施について検討を行い、翌年の平成16年1月に検討委員会より最終報告書が出されました。

この最終報告書では、特区申請、第二中学校区をモデル校とすること、5―4制（小6が中学校校舎で学ぶ）という提言がまとめられました。この提言について説明会や意見交換会を行う中で、住民や教育委員会等の意見を反映して、特区申請はせず、5―4制にもしないという方向での計画の再検討が行われました。

再検討においては、『三鷹市立小・中一貫教育構想に関する基本方針』（平成17年3月3日）を策定し、同年4月から「三鷹市立小・中一貫教育校開設準備検討委員会」を設置し、開設に当たって

＊連雀学園を構成しているが、訪問調査を行っていない。

1　三鷹市では、「小中一貫教育」ではなく「小・中一貫教育」という名称で統一して使用しているため、ここでは三鷹市の取組を記述する際には「小・中一貫教育」と表記する。

の具体的な検討が行われました。

そして、『三鷹市立小・中一貫教育校の開設に関わる実施方策』（平成17年12月7日）が策定され、平成18年4月から第二中学校区（第二小学校、井口小学校、第二中学校）において小・中一貫教育校（にしみたか学園）を開設することが決定されました。そして、平成18年12月に『三鷹市教育ビジョン』が策定され、コミュニティ・スクールを基盤とした小・中一貫教育の推進が図られることとなりました。

三鷹市における小・中一貫教育導入にはもう一つの流れがあります。それが、『三鷹市基本構想（平成13年三鷹市議会議決）』に始まり、『第4次三鷹市基本計画』（計画期間：平成23～34年度）、『三鷹市自治体経営白書』につながるものです。

そして両方の流れを併せて、『三鷹市教育ビジョン２０２２』（平成24年3月策定、計画期間：平成23～34年度）が策定され、小・中一貫教育のより一層の充実、発展が目指されています。

平成18年4月のにしみたか学園の開園後順次開園され、平成21年9月の「鷹南学園」の開園によって、市内全ての小・中学校がコミュニティ・スクールを基盤とした小・中一貫教育校となりました（図1）。

(2)「人間力」「社会力」の育成を目指す小・中一貫教育

『三鷹市教育ビジョン２０２２』では、五つの施策目標が設定されていますが、その中の目標Ⅱにおいて「小・中一貫した質の高い学校教育を推進」を掲げています。そこでは「三鷹型の小・中一貫教育を充実発展させ、連続性と系統性のある学習を保障し、子どもたちの義務教育9

三鷹市の概要

人口約18万人の三鷹市は、井の頭公園などの武蔵野の自然がまだ残り、山本有三記念館や国立天文台、ジブリ美術館など文化、芸術施設も数多くある文化都市である。

三鷹市は、全国の自治体に先駆けてコミュニティ施策に着手し、昭和49年の大沢コミュニティ・センター開設を皮切りに、これまで40年以上にわたって、七つのコミュニティ住区の住民協議会によるコミュニティ・センターの自主運営を核としたコミュニティ活動の展開や、市民参加、市民との協働による町づくりに取り組んできている。

三鷹市では、平成18年4月1日に施行された『三鷹市自治基本条例』第6章「参加及び協働」第33条において、「教育委員会は、地域と連携協力し、保護者、地域住民等の学校運営への参画を進めることにより、地域の力を活かし、創意工夫と特色ある学校づくりを行うものとする。教育委員会は、地域及び市長と連携協力し、学校を核としたコミュニティづくりを進めるものとする。」という理念が示された。三鷹市では、この理念を基盤として、『三鷹市教育ビジョン』(平成18年12月)を実現するための取組の一つとして、小・中一貫教育を実施している。

三鷹市内には、小学校が15校、中学校が7校ある。7校の中学校区ごとに、小・中一貫教育を実施する学園が構成されている。

年間の学びと15歳の姿に責任を持った教育を実現します。

そのために、三鷹市でこれまで推進してきた「コミュニティ・スクールを基盤とした小・中一貫教育」をより効果的かつ持続可能なシステムとして機能させるための基盤整備と教育内容のより一層の充実を図る」として、「小・中一貫教育の充実と発展」を最重要施策として位置づけています。そして、重点施策については、毎年作成する基本方針と事業計画の中に盛り込み、計画的に推進されています。

三鷹市の小・中一貫教育は、現行法制度の下で(特区申請はしない）、既存の校舎をそのままで（施設分離型）、コミュニティ・スクールを基盤として、義務教育9年間の小・中一貫教育のカリキュラムに基づき、系統性と連続性を重視して、小・中学校の教員あるいは児童・生徒が互いの学校を行き来しながら学び、児童・生徒の「人間力」「社会力」を培うことを目指した教育です。

三鷹市における小・中一貫教育は、『三鷹市立学校小・中一貫教育の推進に係る実施方策』に基づき実践されています。

図1　三鷹市小・中一貫教育校 7学園

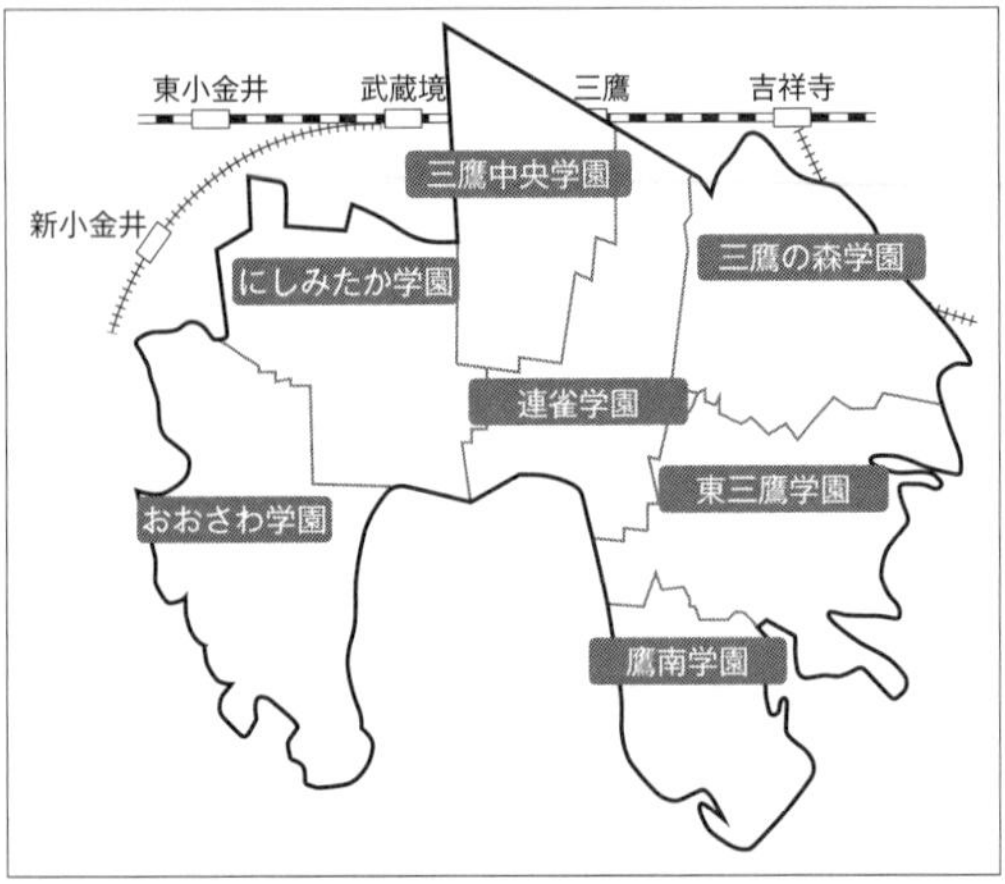

出典：三鷹市教育委員会「三鷹発コミュニティ・スクールを基盤とした小・中一貫教育」より作成

小・中一貫教育の目的は、社会の中で通用する「ヒューマンスキル」と言える「人間力」と「社会力」を兼ね備えた子供を育成することです。「人間力」とは、基本的な素養を身に付け、自立した一人の人間として考え判断し、豊かに力強く生きていくための総合的な力です。「社会力」とは、社会との関わりを持ち、社会の一員としての役割を果たしつつ、適切な人間関係を結び、生きていく力です。

（3）小・中一貫教育の推進体制

三鷹市では、市教育委員会指導課が所管となって、小・中一貫教育を実施しています。平成18年

4月に開園した、にしみたか学園をモデル校として9年間のカリキュラムなど小・中一貫教育の実践に関する研究開発に取り組みました。

現在は、市全体での研究会を設け、小・中学校の全教員が参加した研究開発を行っています。また、各学園にも研究会があり、カリキュラムの検証を行い、毎年改訂しています。

2. 小・中一貫教育の実施形態

三鷹市では、現行制度及び現行体制を維持しながら小・中一貫教育を行うことを目的としているため、統廃合や学校選択等は実施していません。

実施形態の基本的な特徴は、第一に、中学校ごとに、既存の小学校2〜3校と中学校1校で一つの学園を構成していることです。そのため、施設分離型です。第二に、小・中学校の教員全員が、学園の小・中学校両方の教員として東京都教育委員会から兼務発令を受けています。それは、全教員が、児童生徒の9年間の教育を〝本務〟として責任を持って行うこととための措置です。

ここでは、以下、2校目として開園された連雀学園を事例として取り上げます。連雀学園は、第一中学校と、同校の学区内にある、第四小学校、第六小学校、南浦小学校の4校から構成されています。各校の児童生徒数と学級数は**表1**のとおりです。

表1　連雀学園の児童生徒数（平成26年度）

学校名	児童生徒数	学級数（うち特別支援学級数）
第四小学校	492名	15学級
第六小学校	778名	26学級（3学級）
南浦小学校	679名	20学級
第一中学校	753名	24学級（4学級）

出典：三鷹市「市立小中学校の児童・生徒数、学級数」より作成

3. 教育課程編成と運営

教育課程では、小・中学校の教員が、児童生徒の各発達段階を理解し、系統性と連続性のある指導を9年間一貫して行うために、「三鷹市立小・中一貫教育校　小・中一貫カリキュラム」を、平成20年3月告示の学習指導要領に基づき、平成21年3月に作成しました。その後、平成23年、平成24年に改訂しています。各学校では、これを踏まえて作成した各学園の「小・中一貫カリキュラム」に基づいて授業を実施しています。

まず学園としての「学園の教育計画」を作成し、①小・中一貫教育校としての学園の教育目標・めざす学園像、②学園の教育目標を達成するための基本方針、③各教科等における指導の重点を策定し、学園としての教育課程編成を行います。各学校では、学園の教育目標等を踏まえて、学園としての一体感を考慮しながら教育課程編成を行います。

さらに三鷹市では、系統性と連続性を意識した指導の徹底が図られるように、小・中一貫カリキュラムの「単元・題材の系統配列一覧表」を作成しています。例えば、算数・数学については図2のとおりです。

また、発達段階に応じた学習のねらいの明確化、重点化を意識した指導を実施するために、9年間を3期に区分しています。

Ⅰ期：基礎・基本を繰り返して習熟を図る時期

Ⅱ期：基礎・基本を生かして思考力・判断力・表現力を付ける時期
Ⅲ期：基礎・基本を応用して個性・能力を伸ばす時期

Ⅱ期では、小・中学校の学校間接続の時期ですので、重点的に指導の統一を図り、移行期の児童・生徒の学習が効果的かつ円滑に行われるように意識されています。また、3期の学年区分の時期は、一律に決めるのではなく、各教科等の特性に応じて個別に区分されています。多くが4―3―2制に区分されています。[2]

乗り入れ授業については、小学校から中学校へ、中学校から小学校へ、小学校から学園内の他の小学校へという3パターンで実施しています。

第四小学校の場合は、小学校5・6年生の算数に中学校から、中学校1年の数学に小学校から教員が入り、ティーム・ティーチングを行っています。市費で後補充の非常勤講師が各学校に配置されています。また、図画工作の教員が空き時間に後補充を行っています。

三鷹市では、学園全体の調整や課題の集約を行うために、各学校に小・中一貫教育コーディネーターを校務分掌に位置づけています。小・中一貫教育コーディネーターはメールベースで常に連絡を取り合い、連絡・調整を行っています。

教育活動においては、小学校の高学年では中学校との一貫した教育を視野に置いた教科担任制

2　4―3―2制以外のものは、社会科と理科が2―3―2制（小学校1・2年生に教科がないため）、家庭及び技術・家庭科は7―2制、ICT教育は3―3―3制である。

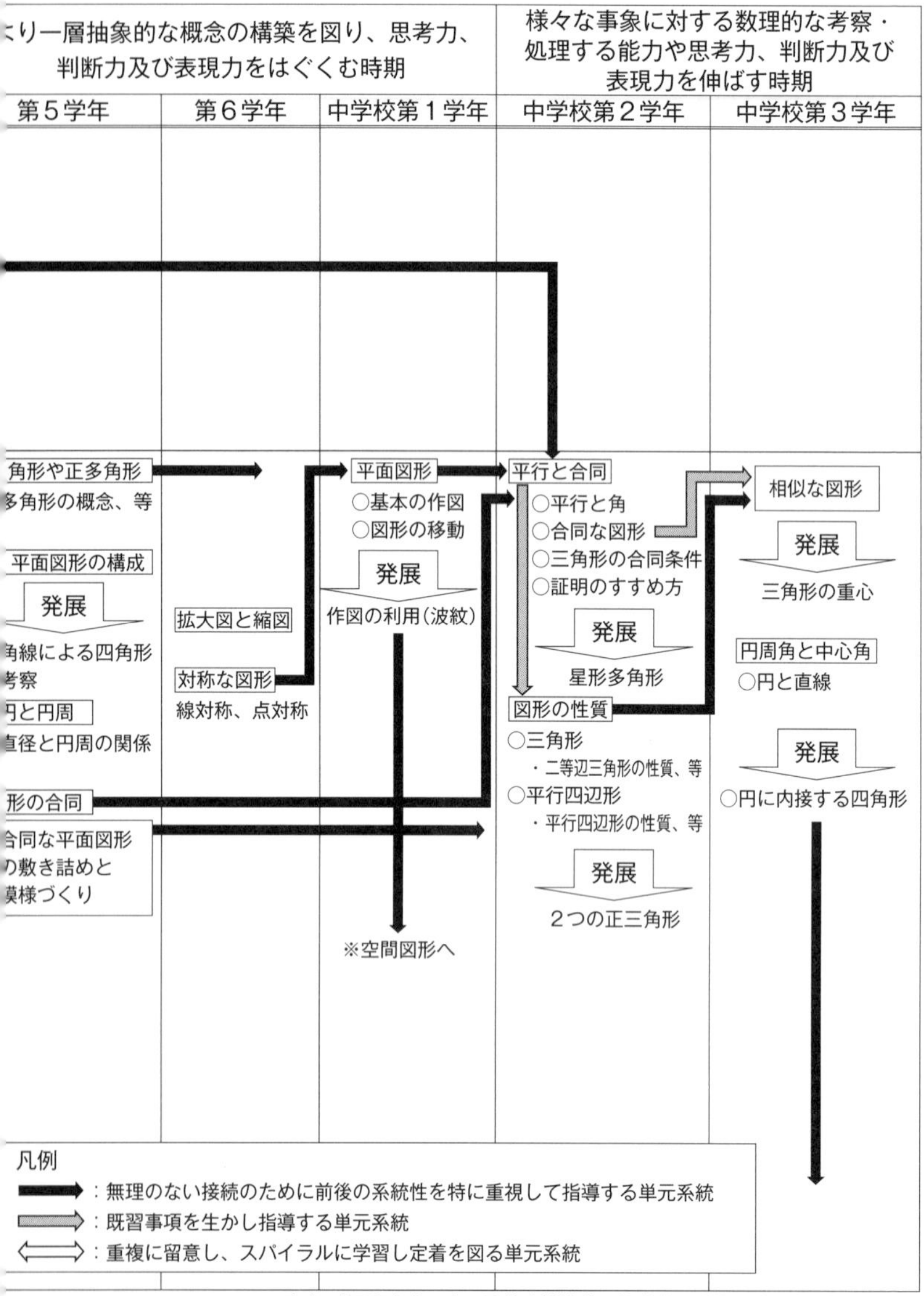

より一層抽象的な概念の構築を図り、思考力、判断力及び表現力をはぐくむ時期
様々な事象に対する数理的な考察・処理する能力や思考力、判断力及び表現力を伸ばす時期
第５学年
第６学年
中学校第１学年
中学校第２学年
中学校第３学年
角形や正多角形
多角形の概念、等
平面図形の構成
発展
角線による四角形
考察
円と円周
直径と円周の関係
形の合同
合同な平面図形
の敷き詰めと
模様づくり
拡大図と縮図
対称な図形
線対称、点対称
平面図形
○基本の作図
○図形の移動
発展
作図の利用（波紋）
※空間図形へ
平行と合同
○平行と角
○合同な図形
○三角形の合同条件
○証明のすすめ方
発展
星形多角形
図形の性質
○三角形
・二等辺三角形の性質、等
○平行四辺形
・平行四辺形の性質、等
発展
２つの正三角形
相似な図形
発展
三角形の重心
円周角と中心角
○円と直線
発展
○円に内接する四角形
凡例
：無理のない接続のために前後の系統性を特に重視して指導する単元系統
：既習事項を生かし指導する単元系統
：重複に留意し、スパイラルに学習し定着を図る単元系統

出典：「三鷹市小・中一貫教育校算数・数学単元系統配列一覧表」より作成

図2　算数・数学における単元系統配列一覧表

		数、量、図形などの感覚を養うとともに、思考力、判断力及び表現力の素地を培う時期			
		第1学年	第2学年	第3学年	第4学年
量と測定	角				角の概念、角の大きさの変化と回転の関係 → 角の大きさの単位「度」 → 角度の測り方、かき方（分度器） → 角度の概念
図形	平面図形	直線、曲線の素地 → 三角形、四角形の素地 身の回りにあるいろいろな形 まる、さんかく 具体物を用いて平面図形の構成、分解 → 円の素地 →（第3学年へ）	直線の概念 → 平面図形の構成、分解 ○形作り → 三角形、四角形の概念 ○正方形、長方形、直角三角形 → 平面図形を構成する要素の素地 ○頂点、辺、面 直角	円の概念、性質、かき方 → → 直径半径の関係 発展 コンパスによる曲線のはかり取り 合同な三角形の敷き詰め 二等辺三角形、正三角形の概念、性質、かき方 発展 正三角形を使った立体図形つくり → 角の概念、かき方 → 対頂角の性質	垂直・平行と四角形 ○垂直・平行の概念、等 → ものの位置の表し方（平面） → ※第6学年比例のグラフへ

を取り入れています。また、小学校4年生から学園内で合同行事を行っています。小学校4年生では交流を中心とした活動、同5年生では小中教員が小・中学校で授業を行います。同6年生では中学校での授業や部活の体験を行っています。

また、年3回の挨拶運動やコミュニティ・スクール委員会主催の子供熟議、3月には中学校3年生と小学校5年生が参加しての連雀音楽会を開催しています。さらには、学園の小・中学生全員が合同で行う連雀縦割り班活動や児童会・生徒会活動なども行っています。

4．学園の運営組織

一つの学園には、学園を構成する小・中学校の校長から、1名の学園長と、2～3名（学園長以外の学校の校長）の副学園長を教育長が任命します。

学園の校長及び副校長の中で各分掌担当管理職を決め、これを長とする各学校の分掌主任等による学園分掌部を組織し、定期的に連絡協議会を開催し、連携・調整を図っています。各学校では、実態に応じて学園内で分掌組織をそろえて、小中間及び小小間の一体性ある校務運営を行っています。

また、学園全体の調整を行うために、各校の主幹教諭、主任教諭等の中から小・中一貫教育コーディネーターを各校1名以上校長が指名し、相互乗り入れ授業等の運営の調整に当たるとともに、小・中一貫の特色ある教育活動の企画・運営を行っています。

以上の学園長、副学園長、副校長、小・中一貫教育コーディネーター、分掌代表などにより学

図3　連雀学園の組織

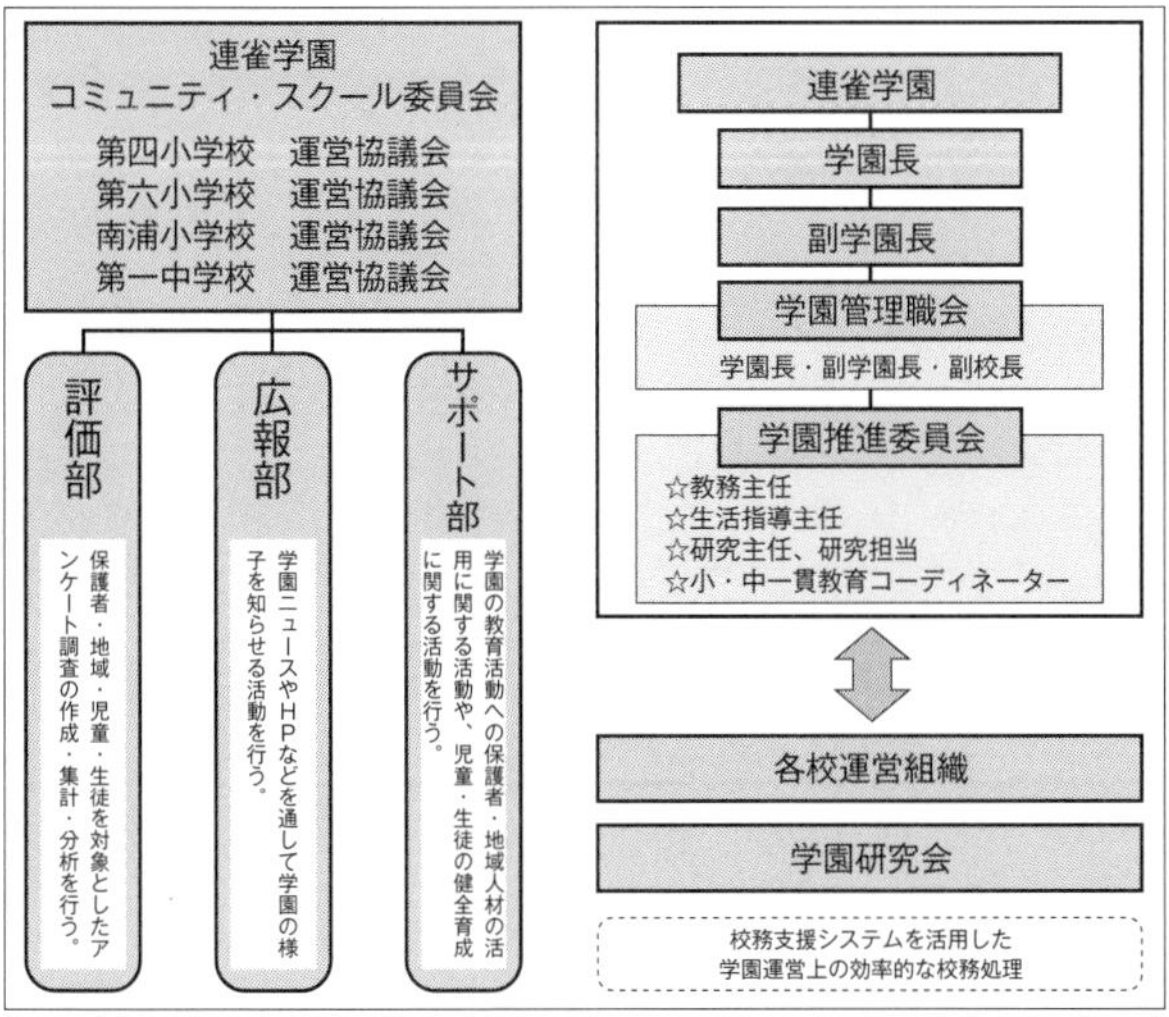

出典：「平成26年度連雀学園要覧」より作成

園全体の運営委員会を組織します。月1回程度の回数で会議を開催し、学園運営の方向性を共通理解し、各学校でこれに基づいた学校運営・教育実践を行っています。

連雀学園の運営組織は図3のとおりです。連雀学園では、第四小学校の校長が学園長となり、同校以外の校長が副学園長となっています。そして、学園長、副学園長、副校長により構成される学園管理職会を設置し、月1回開催しています。

この学園管理職会の下に、各学校の教務主任、生活指導主任、研究主任、小・中一貫教育コーディネーターによって構成される学園推進委員会を設置しています。学園推進委員会には、5部会（一貫、教務、生徒指導、研修推進、児童会・生徒会）あり、各部の運営は、副校長（複数を兼務）や主幹教諭が担当の副学園長の指導を受けながら行っています。

学園全体での職員会議はありませんが、合同の会議として年7回学園研究全体会を開催しています。また学校間の距離が離れていることもあり、教員の負担感を考慮し、市が運営する校務支援システムを活用した情報交換や起案の決裁を行い、会議の効率化を図っています。

このほか、児童生徒の情報を交換し、一貫性ある指導をし、児童生徒や保護者が安心して通える学校にするために、児童・生徒情報交換会を卒業時と6月の年2回開催しています。

研修についても、学園研究全体会で、学園としての研究テーマを設定し、9年間の小・中一貫教育を行うための教育課程や指導法の研究を行っています。また、毎年、学園の教育計画や各校の教育課程や単元系統配列一覧なども見直しながら、児童生徒に合った教育活動を展開するための指導方法の見直しや教材開発を行っています。

図4　学園のコミュニティ・スクール委員会組織

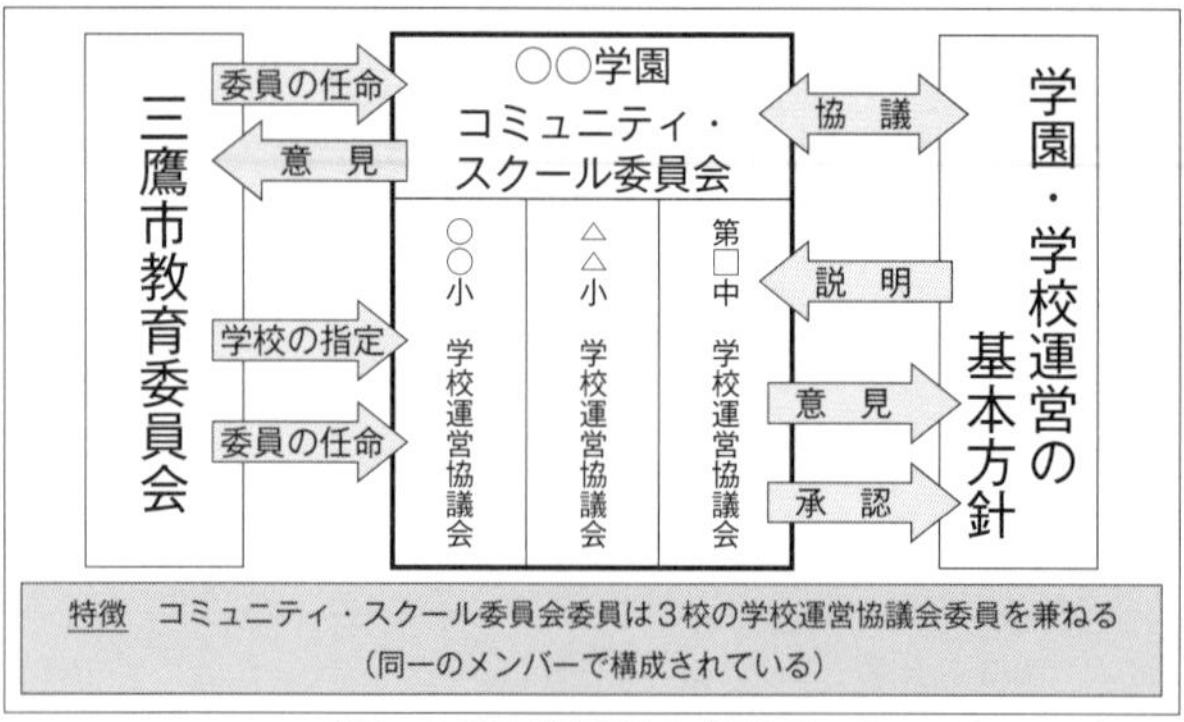

出典：三鷹市教育委員会「三鷹発コミュニティ・スクールを基盤とした小・中一貫教育」より作成

5．学校と地域の連携

三鷹市の場合には、コミュニティ・スクールを基盤とした小・中一貫教育ということもあり、コミュニティ・スクール委員会が主催する地域資源をいかした多様な活動があります。

コミュニティ・スクール委員会は、各委員が学園内の全ての学校の学校運営協議会委員を兼任することで構成されています（図4）。

6．小・中一貫教育の成果・課題と今後の発展

連雀学園における成果としては、一つ目は中学生の自己肯定感の向上があります。二つ目は合同行事や合同授業などにより小学生の中学進学への意欲が向上したことです。三つ目としては、自発的に教育活動の工夫や精選などを考える教員が出てくるなど教員の意識変革が進んできたことです。

一方課題としては、一つ目は教員が小・中一貫教育の価値を自らの言葉で説明できないなど意識改革がまだ不十分であることです。二つ目は小・中一貫教育に関する保護者や地域住民の理解を一層進めるための広報活動の充実です。三つ目は児童生徒が企画から関わる活動を展開することです。

三鷹市の実践から見える小・中一貫教育を発展させていくための条件としては、第一には小中学区が一致していることです。第二には、小中の一貫を充実するだけでなく、小小間の連携の充実を図ることが重要です。第三には、教員の負担感の軽減を図るとともに、コミュニティ・スクールの価値を再認識させることです。

このような課題を解決するために、今後は、保護者、地域住民への情報共有の工夫と、教員の意識改革、すなわち小・中一貫教育の取組に価値を見いださせ、成果を実感させるための取組を実施する予定です。

7. 三鷹市の特色

三鷹市の特色は第一に、中学校区を一つの単位としたコミュニティ・スクールを基盤とした小・中一貫教育ということであります。

15歳の姿を教職員、保護者、地域住民が共有し、協働しながら子供を育てることを目指して、9年間の一貫性のある教育活動を地域とともに展開するための手段として小・中一貫教育が行われています。その特色を示す取組として、**「キャリア・アントレプレナーシップ教育」の実施**があります。

これは、多様な大人が関わり、**児童生徒が自分の将来に向けたキャリア形成能力を高め、創造性と自主・自律の精神、チャレンジ精神に富んだ児童生徒の育成を目指す教育**です。各教科、道徳、特別活動、総合的な学習の時間などの学習活動を相互に関連づけ、児童生徒の実態に応じたカリキュラムの開発を行い、9年間を見通した計画的で系統的な指導を行っています。

第二に、特区申請を行わず、現行の制度内で可能な小・中一貫教育を実施している点です。既存の校舎を利用しているため、施設分離型となっていることにより、学校間で交流活動などの差が見られるという課題もありますが、「三鷹市立小・中一貫教育校　小・中一貫教育カリキュラム」や「単元・題材の系統配列一覧」等を作成し、現行の学習指導要領の枠組み内での教育課程における9年間の系統性を見直しながら一貫性のある教育活動を展開しています。

第三に、市教育委員会による全面的な支援体制の整備です。

教員は、学園内の全学校の教員としての兼務発令を都教育委員会から受けており、乗り入れ授業などが円滑に行えるようにしています。また、新任及び新着任の教員等への研修会などを通して、小・中一貫教育を進める三鷹の教育としての必要な資質・能力の育成を図っています。

〈参考文献〉
①貝ノ瀬滋著『小・中一貫コミュニティ・スクールのつくりかた　三鷹市教育長の挑戦』ポプラ社、２０１０年
②三鷹市教育委員会編著『地域と創る三鷹の教育　市制施行60周年』２０１０年
③三鷹市教育委員会『三鷹市教育ビジョン２０２２』２０１２年

第4節 京都市立京都御池中学校ブロック
―御所南小学校、高倉小学校、京都御池《おいけ》中学校*

京都市立東山開睛館《かいせいかん》
―開睛小学校、開睛中学校

1．京都市の小中一貫教育導入の経緯

（1）小中一貫教育導入の背景

第一には、平成14年度の「総合的な学習の時間」を含む新教育課程の学力観の下で、道徳教育、読書活動、理科教育の充実など、あらゆる教育課題に市民ぐるみで対応する必要が生じていたことがあります。第二には、徹底した「開かれた学校づくり」を進め、学校、家庭、地域、経済界、大学等との連携が推進されていたことがあります。第三には、学校裁量予算を拡大し、校長への権限委譲を図ったことがあります。

これらを背景として、学力向上を含む様々な教育課題に対応し、地域ぐるみ、地域総がかりの教育を実現するための手段として、小中一貫教育、コミュニティ・スクールを両輪とした教育改革に取り組みました。

（2）小中一貫教育の展開

京都市の概要

京都市は、人口約147万人の政令指定都市である。

京都市では、明治5年の学制発布に先駆け、明治2年に町衆による住民自治組織である番組ごとに小学校が作られ、学校が地域の自治活動の拠点となって発展してきた。しかし、昭和50年代中頃から都心部の人口減少が進み、学校の統廃合が進められてきた。その中で、地域とともにある、「開かれた学校づくり」が推進されてきた。

開かれた学校づくりの取組としては、コミュニティ・スクールや学校評価システムの実施などがある。その中の一つである「学び」「育ち」「地域」をつなぐ小中一貫教育の推進は平成16年度から始められた。

京都市の小・中学校数（平成26年5月現在[1]）は、小学校166校、中学校73校である。

京都市では、平成16年3月に構造改革特別区域「小中一貫教育特区」（学習指導要領の基準によらない教育課程の研究）の認定を受けて、大宅中学校ブロック（1小1中）、陶化中学校ブロック（3小1中）で取組が開始されました。

大宅中学校ブロックでは、算数・数学の一貫教育（小5～中1の弾力的指導カリキュラムの作成）、小学校5、6年生、中学校1年生に英語表現科を設置しました。

陶化中学校ブロックでは、小学校6年生に英語科を設置しました。その後、平成18年度に京都御池中学校ブロック（算数・数学の一貫教育〈小中9年間の弾力的指導カリキュラムの作成〉、小学校6年生に英語科を設置）、平成19年度に花背小中学校（算数・数学の一貫教育、小学校1～6年生に英語科を設置）での実践が開始されました。

平成20年度には、小中一貫教育推進校を指定し、全

＊京都御池中学校ブロックを構成しているが、訪問調査を行っていない。

1　学校数は、休校中を含まない。市立学校のみの学校数である。

行政区での取組を開始し、平成23年度からは、市内全中学校ブロックへの展開が開始されています。

具体的な内容は次のとおりです。

［平成19年度］京都御池中学校ブロックで5―4制を開始（施設併用型一貫校）

花背小中学校開校（施設一体型一貫校）

［平成21年度］京都大原学院開校（隣接の小中学校を整備した施設一体型一貫校）

［平成23年度］東山開睛館開校（施設一体型一貫校）

［平成24年度］凌風学園開校（施設一体型一貫校）

［平成26年度］東山泉小中学校開校（5―4制施設併用型一貫校）

（3）小中一貫教育の理念

京都市では、小中一貫教育は、小学校から中学校への学校生活の変化になじめないことが子供たちの学習や学校生活に否定的な影響を与えるという「中1ギャップ」を解消することや、社会のめまぐるしい変化や子供たちの心身の発達の早期化などに対応し、児童生徒の個々の能力を十分に引き出す点で非常に効果があるということから、全教職員が小中9年間の学びと育ちに責任を持つことだけでなく、家庭教育も含めた計画的・系統的な一貫教育を地域と一体となって行い、小中9年間の学びと育ちに責任を持つことを目指して行われています。

京都市の小中一貫教育には、五つの視点があります。

①小中一貫共通目標
②教育課程／指導体制の工夫・改善
③教育活動の連続性
④教職員間の連携
⑤家庭・地域との連携・協力

（4）小中一貫教育の推進体制

京都市では、平成14年度に地域教育専門主事室を設置し、小中連携など「開かれた学校づくり」を進める学校を支援する体制を整備しました。平成16年度には、各小中学校に小中連携主任を設置し、平成18年度には教育委員会内に小中一貫教育推進室を設置しました。

平成25、26年度に、文部科学省の委託研究を受けている中学校ブロックには、行政区担当の首席指導主事（小中各1名）、教育センター指導主事（小中各1名）、学校指導課の担当課長（行政職）、参与（進路・学力担当）がチームを組んで、年3回程度の訪問を行っています。また、小中一貫教育研修会等を開催して、教員への指導を図っています。

予算面では、国の委託研究事業の他に、市費として小中一貫推進事業費（教職員合同研修会や児童生徒の交流に掛かる経費）を配分しています。

2．京都市の小中一貫教育の実施形態

京都市での小中一貫教育の形態には、①施設一体型、②施設併用型、③連携型の三つがあります。

［施設一体型］小・中学校が同一施設、同一敷地内したもの。学年区分は各校に任されているが現在のところ全ての学校が4―3―2制で実施している。

［施設併用型］小・中学校の施設などが独立しながらも、児童生徒が柔軟に相互の校舎を活用したもの。学年区分は5―4制。

［連携型］小・中学校の施設などが独立しながらも、教員と地域の緊密な連携によるもの。学年区分は6―3制。

京都市では、小中一貫教育の基本を連携型においているが、施設の在り方ではなく、児童生徒、地域の実態に対応した多様な形での小中一貫教育を推進することを基本的な考え方としています。

3．京都御池中学校ブロックの取組

(1) 小中一貫教育導入の経緯

京都御池中学校ブロックを構成する御所南小学校、高倉小学校は、平成7年にそれぞれ5校が

統合して誕生した学校です。京都御池中学校も、平成15年に二つの中学校が統合されて誕生しました。そのため、各学校は、統合された学校があった各地域との関係を大切にしながら、地域とともにある「開かれた学校づくり」に取り組んでいました。

平成14年に御所南小学校が、文部科学省「新しいタイプの学校運営の在り方に関する実践研究」の指定を受け、コミュニティ・スクールを基盤として地域との関わりを持ちながら教育活動を行っていく中で、中学校区としての連携関係も重要となってきました。

そして、平成17年度に、京都御池中学校が、文部科学省「コミュニティ・スクール調査研究」の指定を受けるとともに、平成18年3月に、京都御池中学校区が「京都市小中一貫教育特区」に認定されました。

(2) 小中一貫教育の実施形態

京都御池中学校ブロックは、読解力育成を核とした9年間の学びを小中一貫教育で実施するために、平成19年度から二つの小学校の6年生及び6年生の担任が京都御池中学校に在籍する形で5―4制を採っています。

6年生の担任は、中学校の校舎に常にいるため、中学校の職員会議等に参加します。また、6年生は中学校の生徒会に参加し、6年生から中学校1年への円滑な接続を促進させる取組が多くなされています。

(3) 教育課程の編成と運営

各学校の児童生徒数及び学級数は**表1**のとおりです。

表1　京都御池中学校ブロックの児童生徒数と学級数

学校名	児童生徒数	学級数
京都御池中学校	706名	24学級（3学級）
御所南小学校	1236名	39学級（2学級）
高倉小学校	675名	22学級（2学級）

注：括弧内は特別支援学級数で内数
出典：京都市教育委員会『平成26年度教育調査統計』より作成

図1　京都御池中学校ブロックにおける小中一貫カリキュラム

1年生	2年生	3年生	4年生	5年生	6年生	7年生	8年生	9年生
基礎期（5年間）					伸長期（4年間）			
キーステージ1 基礎・基本の獲得期		キーステージ2 基礎・基本の習得と活用期			キーステージ3 学びの充実期		キーステージ4 学びの発展期	

出典：『平成24年度　未来に輝く小中一貫コミュニティ・スクールの創造』より作成

京都御池中学校ブロックでは、教育目標としては、「未来に輝く小中一貫教育コミュニティ・スクールの創造」を掲げて、**読解力**（課題設定力、情報活用力、記述力、コミュニケーション力）**を基盤とした9年間の小中一貫の教育課程を編成**しています。

教育課程の区切りは、発達段階を考慮して、大きく9年間を基盤期の5年間と伸長期の4年間の二つに区切った上で、更に①1・2年「基礎・基本の獲得期」、②3～5年の「基盤・基本の習得と活用期」、③6・7年「学びの充実期」、④8・9年「学びの発展期」という四つのキーステージに区分した教育課程の編成を行っています（図1）。

授業においては、小学校の理科、英語活動、音楽、図画工作科の授業に中学校教員が入り、小学校教員と合同授業を行っています。

また6年生が中学校校舎で学ぶことを生かし、6年生から9年生までの4年間を一つの児童生徒集団として捉え、仲間意識、所属感を育成するために、平成22年度から中学校の生徒会活動に6年生も参加し、4学年で活動しています。

(4) 学校の組織運営

小中一貫教育を支える組織体制としては「OGT小中一貫教育プロジェクト」（図2）があります。これは、教職員が共通理解を持って、小中一貫教育に取り組むための組織です。ここでは、3校で互いの取組の情報交換を行い、小中の

図2　OGT小中一貫教育プロジェクト

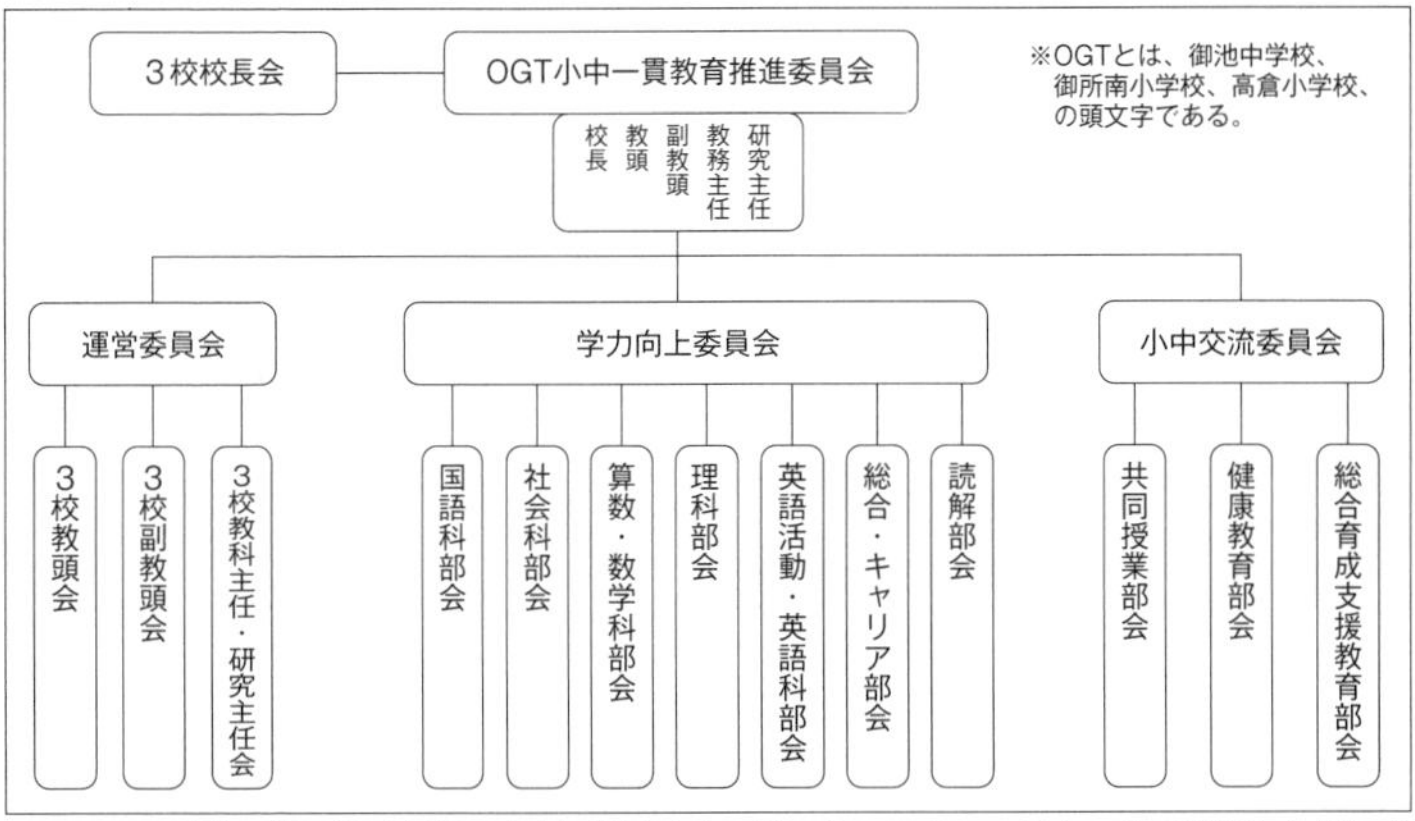

出典：『平成24年度　未来に輝く小中一貫コミュニティ・スクールの創造』より作成

児童生徒のよりよい学びと育ちについて協議しています。

組織としては、校長、教頭、副教頭、教務主任、研究主任から構成されるOGT小中一貫教育推進委員会の下に、運営委員会、学力向上委員会、小中交流委員会で構成されます。

学力向上委員会は、新学習指導要領を踏まえ、新しい5―4制のカリキュラムを創造し、読解力の向上を目指して各教科の力を高めることや、6・7年生のスムーズな接続を目指した教科指導体制などを、児童生徒の実態を把握しながら研究推進する組織です。

小中交流委員会は、小中、小小の交流活動の企画・運営、健康・保健・食に関する共通の取組、及び育成学級の児童生徒の交流を推進する組織です。

小中一貫教育を推進する上で、小学校6年生の教員が担う役割が重要となっています。

小学校6年生の教員は、中学校の校務分掌に位付けられ、中学校の職員会議、研修会に参加します。小学校の会議等には必要に応じて参加します。研究においても中学校の研究体制に属し、9年間の中の6・7年の接続に力をおいた授業研究や小中合同での単元づくりなどの研究を行っています。

このように、**6年生の教員は拠点を中学校に置き、6・7年生の教員が一体となり小中学校の接続部分としての2年間の強化を図っています。**

(5) 地域との連携

御所南小学校には「御所南コミュニティ」、高倉小学校には「スマイル21プラン委員会」、京都御池中学校には「けやきプロジェクト」と命名された学校運営協議会が設置され、学校運営協議会を基盤とした様々な取組が進められています。

京都市の学校運営協議会の大きな特徴は、①学校の応援団として、学校運営協議会理事会の下に学校の教育活動への支援を企画運営する企画推進会議が設置されているという点と、②学校の御意見番として学校関係者評価を行い、評価するだけではなく課題の改善策についても協議する仕組みとしている点です。各学校の学校運営協議会には、学校の特色に応じた委員会や部会が組織されています。

京都御池中学校ブロックでは、各学校での活動の充実とともに、小中一貫校として小中のつながりを強めるために、三つの組織が連携した活動も実施しています。例えば、けやきプロジェクトが主催する敬老プレゼントづくり、御所南コミュニティが主催する京都御苑《ぎょえん》宝探しツアーなどがあります。

(6) 京都御池中学校ブロックの成果・課題と特色

京都御池中学校ブロックの実践の特色としては、第一に、読解力ということを基盤とした9年間の学びの枠組みを構造化していることがあります。

第二に、3校の共通の意識と方向性を共有して指導に当たるために、「OGT小中一貫教育推進委員会」が組織され、教科別の分科会があり、教員同士の指導方法の研究や指導力の向上が図られていることがあります。

第三に、小学校6年の児童及び担任が中学校に在籍する形をとることにより、小学校6年生が中学校生活に円滑な移行を図ることを可能にする体制が整備されていることです。

このような特色を持つ京都御池中学校ブロックは、10年目を迎えています。そこでの現状における成果と課題は、それぞれ次の2点にまとめることができます。

成果としては、第一に、同ブロックの特色の一つである小学校6年の児童及び担任が中学校に常駐することにより、6年生と中学校1年生（7年生）の間の円滑な移行につながっているということです。

第二に、コミュニティ・スクールと小中一貫教育を両輪で行うことで、地域とともに子供たちを育て、見守っていくということを基盤とした学校支援が行われているということです。

一方、課題としては、第一に、施設併用型ということで学校間の距離の問題です。二つの小学校と中学校は離れているため、小学校と中学校同士の合同や連携での教育活動という点では、頻繁な交流が難しいということです。また同時に、小学校間の合同や連携の活動も難しく、小小連携という点でも課題があります。

第二に、6年生と中学校1年生（7年生）への移行は円滑になった一方で、5年生から6年生への移行という点では、従来の「中1ギャップ」と同じような「小6ギャップ」のような課題が見られると言います。

4. 東山開睛館の取組

小学校5校（白川小・新道小・清水小・六原小・東山小）と中学校2校（弥栄中・洛東中）の合計7校を統合し、平成23年に新規開校したのが京都市立開睛小学校・開睛中学校であり、「東山開睛館」として一体的な学校教育が行われています。

(1) 小中一貫教育導入の経緯

平成19年8月に施設一体型小中一貫校の新設を求める要望書が、地元8学区[2]から京都市に出されたことが契機となりました。市議会の承認を受けて、開設準備室が平成21年に京都市教育委員会内に開設され、平成23年春に東山開睛館としての開校に至りました。

現校地は、六波羅蜜寺の近辺にあり、開校を機に旧洛東中学校跡地に新築された建物で全ての児童生徒が学んでいます。平成27年度には、旧六原小学校跡地の六原校舎にプール・運動場が完成し教育活動に活用しています。

東山開睛館では、「澄みゆく心」「かがやく志」の育成を最高教育理念、「克己・進取・礼節」を校訓、「これからの社会をたくましく生き抜く力の育成」を教育目標として、小中一体での教育がなされています。

この目標は「目指す子ども像（卒業時）」の中で「挑戦的に学ぶ姿の実現、卑怯《ひきょう》を許さない姿の実現、つながりを喜びとする姿の実現」を明確に挙げて、子供たちの「志」を育てて卒業させることを重視しています。

小学校5校の統合、中学校2校の統合、更に施設一体型の小中一貫教育の開始という三つの出来事が重なった開校当初は、多くの課題が生じました。全ての課題を同時に対応できないと判断したため、まずは統合された各学校を小中単位でまとめることを優先させました。

開校当初から4―3―2で区切る学年区分を内外に示していましたが、旧来の小中学校としてのまとまりである6―3も一部併用して活用することを認めて、小中一貫として掲げた学年区分に固執しない学校運営を行いました。このような柔軟な学校運営により、東山開睛館における小中一貫教育が軌道に乗りました。

（2）小中一貫教育の実施形態

東山開睛館は、開睛小学校・開睛中学校の2校が施設一体型の小中一貫教育を行う学校として機能しており、一部の国私立中学校への転出者等を除く、ほとんどの児童生徒は同じ学校施設に9年間通い続けます。なお、京都市では学校選択制が実施されていないため、原則的に学区内在

2　この地域には番組小学校を由来とする有済・粟田・弥栄・新道・六原・清水・貞教・修道の8学区が含まれ、この由来が校章の八葉の花弁で描かれている。ただ、一部学区での小学校統合などにより、東山開睛館の前身となった5小2中という学校数とは一致しない。

住者は東山開睛館で学ぶことになっています。現在の児童生徒、学級数は**表2**のとおりです。

校舎は地上3階、地下2階となっており、1階には小中一体で広い大部屋の職員室や1・2年生の教室、2階には3・4・7・8年生の教室や「メディアルーム」と称した図書室、3階には5・6・9年生の教室が主に配置されています。

また、地下1階には音楽室や給食調理室、ランチルームなど、地下2階にはアリーナ（体育館）や武道場が配置されています。なお、職員室は広いスペースを確保し、小中の教職員が同室で勤務する中で連携とともに一体感が生まれています。

表2　東山開睛館の児童生徒、学級数

	小学校	中学校	合計
児童生徒数	582人	307人	889人
学級数	23学級（4学級）	12学級（1学級）	35学級（5学級）

注：括弧内は特別支援学級数で内数
出典：京都市教委統計資料及び「平成26年度学校要覧」より作成

(3) 教育課程の編成と運営

入学以降順に「ファースト（1〜4年）、セカンド（5〜7年）、サード（8・9年）」の3ステージ制として、4―3―2の区切りを基本としています。ステージ別で発達段階に応じた指導を行いつつ、各ステージの最高学年（4年、7年、9年）のリーダー性を伸ばすためにステージ別活動も行います。また、校庭が広くないという問題点はありますが、中学生の姿を特に低学年の小学生にも見せるために、体育大会を小中合同で開催しています。

通常の小学校と中学校の2段階ではなく、ステージ別の3段階にすることで、ギャップの数をあえて増やしています。卒業後の社会では、乗り越えるべき様々なギャップがたくさん生じます。小中学校段階でのギャップを多く設定すると、それぞれのギャップの幅は小さくなって乗り越えやすくなります。回数を増やしてうまく乗り越えさせることで、将来社会人となる児童生徒の成長を促したいという目的があります。

なお、各ステージの終了時に、区切りとしての行事があり、7年生が志を語るセカンド・ステージの修了式「志の式」の中では、6年生に対して小学校課程の修了を証する小学校卒業証書を授与しています。

東山開睛館において教育課程上の特例を採っていませんが、教育課程上の独自の取組を行っている点が特徴的です。その一つとして、読解力や知識の活用を重視して、**3~7年生に教科横断的な「読解の時間」と呼ばれる授業時間を設置し、各教科を貫いて必要となる読解力を単元化**して多様なテキストに対応する力を育てています。

また、総合的な学習の時間を「東山探究」の時間と称して、「堀川の奇跡」と呼ばれた堀川高校探究科の取組を範とし、堀川高校との連携を図りながら、3年生以上を対象に探究学習を行っています。4年生でポスター発表をさせて、9年生ではそれまでの探究学習の成果を簡単な卒業論文のような形でまとめて考察させる取組を行っています。

さらに、学校教育法施行規則で定められた標準的な授業時間よりも、小学校段階を中心に授業時間を多くしています。例えば、本来は5年生で導入される外国語活動は3年生から導入して、5・6年生でも標準よりも多い時間を確保しており、先述の3~7年生を対象とした「読解の時間」の授業は完全に標準時間の枠外で行っています。

また、「開睛英語」においては、3・4年生で35時間、5・6年生では45時間を設定しており、それぞれ35時間、10時間が標準時間の枠外での実施となっています。

教員の相互乗り入れに関しては、教科での乗り入れとして中学校籍の教員が3年生以上を対象に小学校の外国語・音楽・家庭科（5年以上）、体育（5年のみ）、算数・社会で乗り入れ授業をしており、小学校籍の担任教員はティーム・ティーチングの補助的役割を担うT2として入ったり、完全に中学校籍の教員に授業を任せたりしています。

一方、小学校籍の教員も、社会・英語・体育で中学校への乗り入れ授業もしており、双方向での乗り入れを実現しています。また、分掌では、小学校から中学校へ教務主任、生徒指導主任、補導主任、中学校から小学校へは5・6年の学年主任が相互に乗り入れています。

中学校教員が小学校において授業する場合は、担当教科に限るためスムーズに行われています。小学校教員が中学校において授業する場合は、生徒の発達段階を理解しやすい高学年の教員に担当させるような人選の工夫を行っています。

平成26年度から、**5年生では国語・算数・社会のみを担任教員が教えますが、その他教科については教科担任制としており、6年生では全教科での教科担任制としています。**このように、5年生以上で教科担任制を段階的に導入しているのには二つの理由があります。

一つ目の理由は、全教科での教科担任制を一気に導入すると、適応できない児童が多く生じる懸念があるためです。これは一般的な「中1ギャップ」問題を前倒しするにすぎないとの認識によります。

二つ目の理由は、教員側の事情として、全教科を担当することが普通の小学校教員は、教科指導を通して学級づくりを行い、その中で児童理解を深めながら個々の児童の特性を把握し、課題のある児童の特性を踏まえて授業できる反面、個別科目を中心に関わる中学校教員は教科指導を質的に高めることを得意としていても、課題のある児童の特性を踏まえた生徒理解に立った指導を前面に出しにくい状況があります。そこで、5年生から段階的に教科担任制への移行を図るようにしました。

当初は、9学年を通じて1コマ45分授業として、授業時間が不足する中学校段階では7時間授業を行っていましたが、中学校段階の1コマの授業内容は45分で消化しきれないという問題が見られました。このため、現在、中学校段階の授業は1コマ50分に変更されています。

標準的な時程は8時半始業で、15時45分又は50分に放課となっており、4年生以下、5・6年生、7年生以上の3グループで分かれています。各学年の教室について、グループ別にフロアを変えたり渡り廊下を挟んだりして、お互いの生活時間の違いによる影響が出ないような教室配置上の配慮が見られます。

ただし、木曜日は小中学校全体での職員会議をはじめとした各種会議を行うため、放課後の部活動を行わない日と設定し、掃除時間を省略するような形で15時20分には放課となるように時程を設定しています。

(4) 学校の組織運営

校務分掌は図3のようになります。東山開睛館全体で校長が1名、副校長が1名、教頭が2名という体制となっています。この4名以外に、総務主任1名、教務主任2名、研究主任2名を加

図3　東山開睛館における校務分掌

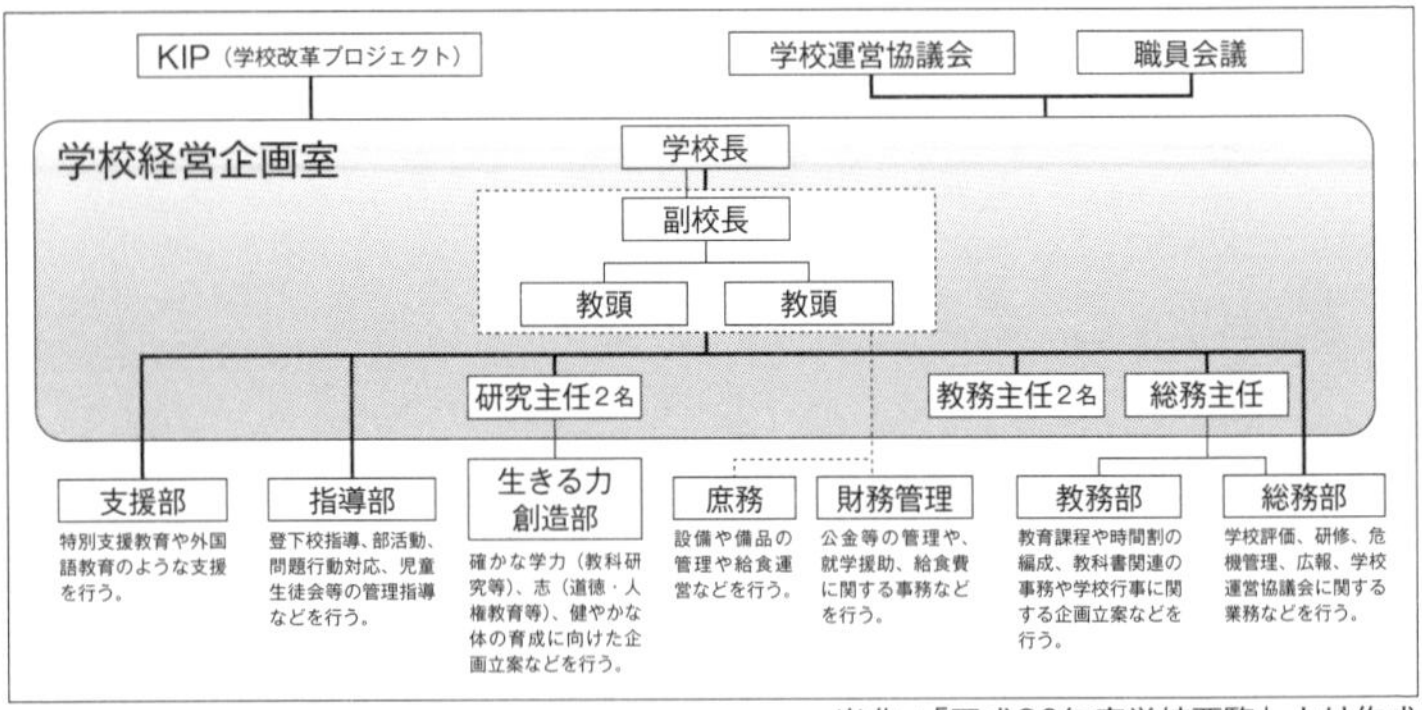

出典：「平成26年度学校要覧」より作成

えた合計9名で学校経営企画室が組織されています。

教職員には、小学校籍・中学校籍という任用上の区分はあるものの、全教職員に対して兼務発令がなされています。

例えば、1～4年に配属された小学校教員は、全教科を指導した上で、放課後の部活動指導に当たる教員もいます。一方、授業の空き時間がある中学校教員にとっては、小学校への乗り入れ授業のために一般の中学校よりも空コマが減ることや、小学校教員は授業中のため空き時間での分掌等に関する会議の設定ができないという状況があります。さらに、放課後には、部活動指導があり、一体的な行事等に向けた小・中学校教職員の共同作業もあります。

このように、**小中一貫教育校では、一般の小・中学校と比較しても仕事量が多くなったり、小・中学校教職員が共用できる時間が限定されることから生じたりする課題など、小・中学校教職員ともに多忙感につながる問題が生じています。**

小・中学校教職員が教育課題を共有することが重要であり、発達段階が大きく異なるそれぞれの特性を理解しながら、専門とする教科ごとの議論を通して教育課程を一貫していくことが重点課題として挙げられていました。そのためにも、日常的に様々な行事への準備のような小・中学校教職員による共同作業の機会は、共通理解を深めるための場として重視されています。

(5) 学校と地域の連携

東山開睛館には、平成24年2月に発足した学校運営協議会があり、地域住民や保護者の声を聞きながら学校運営を進めています。

番組小学校以来の地域的な伝統や学校設立の経緯から地元地域との連携は学校運営面で不可欠であるため、各学区での調整力を持つ学区代表者を協議会の顧問としています。協議会の中で学校経営方針などの重要事項に関する議論を行いながら、各顧問とも意見交換をすることで、地域と学校との関係性がよりスムーズなものになるように工夫をしています。

地域住民からは非常に大きな協力を得られていると言います。

例えば、8年生で職場体験をすることになっていますが、体験先は地元住民が主体となる学校運営協議会が近所の適切な職場を探して依頼してくれています。また、教育後援会としての資金援助も地域住民から受けています。さらに、「交通対策協議会」などの組織を通して、地域住民が登下校時の児童生徒を見守る等、学校に対して協力的な地域住民の力をうまく学校に取り入れながら、学校運営ができています。

(6) 東山開睛館における小中一貫教育の成果と課題

小中一貫教育の取組による主要な成果と課題について、東山開睛館では次のように認識されています。

[i] 成果

①児童生徒の側面での成果として、全国学力・学習状況調査や京都市で実施している学力調査等のデータ面において、経時的に着実な効果が現れた学年が見られている。ただし、統合による効果と小中一貫教育による効果とが混在しており、見極めは難しい部分も残されている。

②また、不登校児童生徒の実数を見ると開校当初の20人から4年間を経て順調に半減しており、「中1ギャップ」は解消してきていると考えられる。

③中学生と小学生が相互に良い刺激を受けていることが様々な場面で見受けられる。例えば体育大会等行事の場面において、小学校低学年の子供たちの一生懸命な姿に触れて、中学生の全力を出し切る姿が常態化している。また、中学生のマスゲーム等を見て、小学生がより高度な演技を目指す姿が見られている。

④教職員の側面での成果では、小中教員の教科別の合同研修等により、小学校で強化すべき単元やその内容、指導法等について協議が進むようになっている。また、中学校における補完すべき点等についても同様である。

⑤新しい小中一貫教育校の創設に関わり、学校に対する保護者や地域の意識が変わりつつある。学校運営協議会を学校の核として、地域とともに歩む実践が進められている。

⑥児童生徒や保護者、教職員を対象としたアンケート調査からも、学校の取組に対して成果を実感できるような結果が見られている。

[ii] 課題

①開校から4年を経過して人事異動による教員の入替えが生じ始めている。開校2年目以降に異動で転入してきた教員の中には、開校時から勤務する教員に比べ、自らに課せられた責務や与えられたミッションについて違和感を持つ者も少なくない。そのため、小中一貫教育に懸ける情熱にも温度差が生じてしまうという傾向がある。

②小中一貫校では一般の小・中学校と比較して、前述のとおり仕事量が増えたり、多忙感につながったりする問題が生じている。

③小中相互に乗り入れをする際に、教員免許が壁となるケースが多いことも課題として挙げられる。

(7) 東山開睛館における小中一貫教育の特色

施設一体型小中一貫校では、学校統廃合と同時に開校するケースが多いと考えられます。この際、複数の学校文化を融合して新たな学校を作ることと、小中一貫教育という新たな取組を進めることとは、別の課題として捉えなければなりませんでした。

新たな取組としての小中一貫教育に対する保護者の期待が膨らむ中で、小中一貫の取組を推進する前に、学校文化の融合による新たな学校文化という土台の整備を優先したことは、今後新たな小中一貫教育を目指す関係者にとっては重要な示唆となるでしょう。

学校を社会の縮図と捉えて、社会では当然ありうるギャップを乗り越えるという「成功体験」を、あえて学校生活の中で多く設定しています。小中一貫教育を推進する議論では、**「中1ギャ**

ップ」の問題に対応するために、小中一貫の取組でギャップそのものをなくそうとする発想を基本とした議論が多いのに対して、あえてギャップを意識的に設定して乗り越えさせようとする発想は特筆すべき興味深い点です。

また、開校3年目までの混乱期にはトップダウンで指示を下しながら学校運営を行い、その後の変革期には「ＫＩＰ（開睛イノベーション・プロジェクト）」を核とするボトムアップで、更に安定期に入った平成27年度からはミドルアップ・ミドルダウンの手法で学校経営が進められています。

5. 京都市の小中一貫教育の成果・課題と今後の発展

（1）小中一貫教育の成果と課題

小中一貫教育については様々なアンケートを行い、成果と課題を分析しています。

成果としては、一つ目に、**中学校区全体で子供の学びと育ちに責任を持つように教職員や地域住民の意識改革が進んだ**ことです。そのことは、中学校区での合同学校運営協議会が増加する傾向にあることからもうかがえます。

二つ目に、**小小連携、小中連携による合同研修、研究授業が進み、目指す子ども像や学力、児童生徒情報の共有が図られ、授業方法や授業改善が進んでいる**ことです。

一方課題としては、一つ目に、小・中学校間の人事交流の一層の推進が必要ということです。二つ目に、教育課程特例校や研究指定校での取組を普及、拡大させていくことです。

（2）小中一貫教育の今後の展望

今後の展望について教育委員会は、小中一貫、小中合同による学校運営協議会の設置拡大を目指しています。想定しているイメージとしては、各小・中学校の学校運営協議会の代表により構成される代表者委員会を設置し、小中合同での学校運営協議会を設置することを想定しています。平成32年度までに全中学校の50％の設置を目標としています。

その他、小中一貫カリキュラムの開発も想定した小中一貫教育の充実、中学校区内の校長協議による人事交流の拡大などがあげられます。

〈参考文献〉

①けやきプロジェクト、御所南コミュニティ、スマイル21プラン委員会『平成24年度　未来に輝く小中一貫コミュニティ・スクールの創造』平成24年11月
②京都市教育委員会『～子どもも大人も共に学び育つまち～京都市の教育改革』平成24年10月
③御所南コミュニティ『平成25年度　学校大好き！コミュニティ・スクール』平成25年11月

第5節 広島県呉市立呉中央学園
—呉中央小学校、呉中央中学校

呉市立和庄中学校区
—和庄中学校、和庄小学校、本通小学校*、長迫小学校*

1．小中一貫教育の導入の経緯

呉市教育委員会で小中一貫教育の構想が生まれたのは、平成11年度末でした。制度化された中高一貫教育が注目されていた当時、市にとって小中一貫教育が重要であると考えられていました。そこで、後述のように3校において、平成12年度から文部省[1]（当時）の研究開発学校の指定を受けて研究を開始し、平成18年度まで研究開発が実施されました。中央教育審議会は、平成17年に答申「義務教育を創造する」を取りまとめますが、研究成果はその審議会においても報告されました。

研究開発学校の成果を踏まえ、平成19年度より全ての中学校区で小中一貫教育を実施することとなりました。その際、研究開発が終了した3校は、小学校が統合して呉中央学園になりますが、特区申請は行っていません。その理由は、義務教育であるため機会均等が大事であり、特別な学校を設けないためと説明されています。

呉市の概要

呉市は明治時代に軍港が設けられて急速に発展し、明治35年には市制がしかれた。高度経済成長期以降は、造船業の不振も影響し人口減少が続いていた。平成の市町村大合併では島嶼《とうしょ》部の8町を編入し、平成26年5月1日現在の人口は237,187人、小学校数39校、児童数10,857人、中学校26校、生徒数5,708人となっている。

2．小中一貫教育の推進方策

全校に浸透させ、推進するための主な施策としては、次のものがあります。

①「小中一貫教育を進めるために」の策定：専門委員会を設けて、小中一貫教育推進の方針を取りまとめ、公表（平成18年度）しています。

②小中一貫教育研究指定事業：全中学校区に対して行う2年間の研究指定。2年目に公開の研究発表を実施。平成19～22年度と平成23～26年度の2期にわたり指定。

③小中一貫教育推進加配講師措置：市費による加配。乗り入れ授業の際に移動に時間のかかる分離型の場合に措置（現在の講師数は11名）。

④小中一貫教育実践事例集：平成18年度から継続して作成し配布。

⑤ブロック別学校経営研修：リーダーシップの育成。校長と教頭を対象に年3回実施。

＊　和庄中学校区を構成しているが、訪問を行っていない。

1　平成13年1月1日より文部科学省

⑥小中一貫教育コーディネーター研修：全校のコーディネーターを対象に年3回実施。
⑦呉型カリキュラム（小中一貫カリキュラム）の作成：課題に応じたカリキュラムを教科領域等の別に作成。
⑧小中一貫教育市民フォーラム：市民への啓発のために、平成20～22年度に実施。

(4) 呉市における実施形態

教育委員会は、呉市の小中一貫教育の特徴を4点に整理しています。

①学習指導要領にのっとった取組とする。
②全ての中学校区で実施している。
③4―3―2の区分。
④各中学校区の特色を生かした取組。

また、平成26年度現在、26中学校区のうち、各校区の中で小学校1校が16校区、小学校2校が7校区、3校が3校区あります。このうち、一体型は4校区（呉中央学園、警固屋《けごや》学園、広南学園、倉橋学園）となっています。

表1　呉市立呉中央学園児童生徒数・学級数

学年	1年	2年	3年	4年	5年	6年	7年	8年	9年	特別支援学級(小)	特別支援学級(中)	計
児童生徒数	101	102	87	79	98	95	89	86	74	16	7	834
学級数	3	3	3	2	3	3	3	3	2	3	2	30

出典：平成26年度学校案内より作成

3. 呉市立呉中央学園

(1) 小中一貫教育導入の経緯

平成12年に、中学校入学時の不安や問題行動の発生率の増加などを解消し、自尊感情を育成することをねらいに、呉市立五番町小学校、二河小学校、二河中学校（現在の呉中央学園）が文部省（当時）の研究開発学校の指定を受けました。

研究開発内容としては、小中一貫教育のシステム開発や教育課程の開発を行っています。システム開発としては、3校それぞれの教育目標を尊重しながら共通の目標を加えること、日課時程表、年間行事予定表、研究組織及び校内組織、小中兼務教諭の工夫などを行っています。

教育課程の開発については、心身の発達の加速化、学力形成の特質、生徒指導上の諸課題の顕在化を手掛かりに、9年間を4―3―2に区分しています。それぞれの区分の目標を明確にしながら、教科等ごとに研究の構想と実践を行っています。

その後、平成19年度から全ての中学校区で小中一貫教育を実施するとともに、呉市立呉中央学園が開校しました（表1）。

(2) 小中一貫教育のねらいと実施形態

呉中央学園の学校経営計画によると、学校教育目標は「『自分』を育てる」ことに置かれ、ミッションとして「小中一貫教育を通して生涯を自ら豊かに学

図1　研究構想図

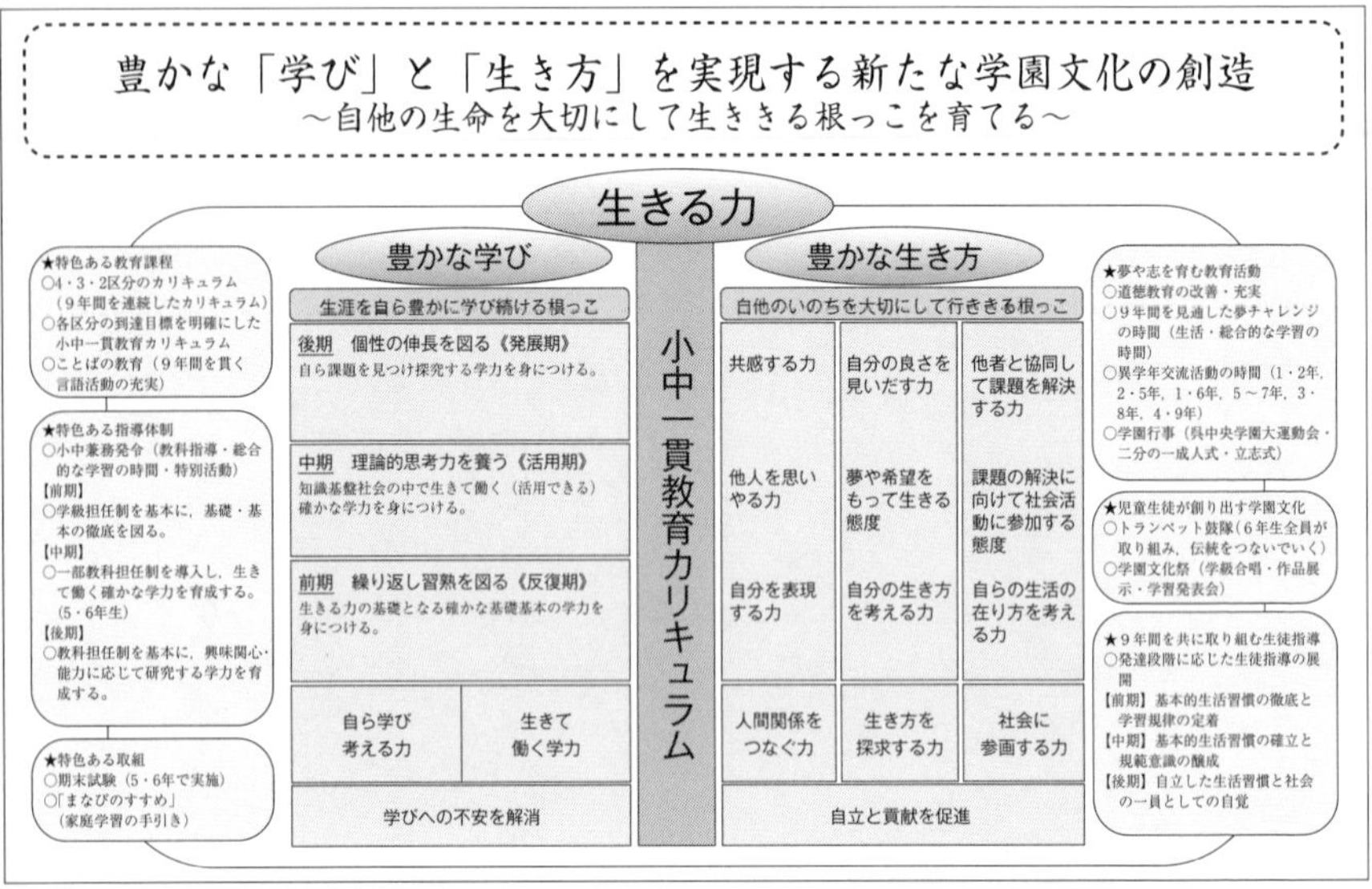
豊かな「学び」と「生き方」を実現する新たな学園文化の創造
～自他の生命を大切にして生ききる根っこを育てる～
生きる力
豊かな学び
豊かな生き方
小中一貫教育カリキュラム
★特色ある教育課程
○4・3・2区分のカリキュラム（9年間を連続したカリキュラム）
○各区分の到達目標を明確にした小中一貫教育カリキュラム
○ことばの教育（9年間を貫く言語活動の充実）
★特色ある指導体制
○小中兼務発令（教科指導・総合的な学習の時間・特別活動）
【前期】
○学級担任制を基本に，基礎・基本の徹底を図る。
【中期】
○一部教科担任制を導入し，生きて働く確かな学力を育成する。（5・6年生）
【後期】
○教科担任制を基本に，興味関心・能力に応じて研究する学力を育成する。
★特色ある取組
○期末試験（5・6年で実施）
○「まなびのすすめ」（家庭学習の手引き）
生涯を自ら豊かに学び続ける根っこ
後期　個性の伸長を図る《発展期》
自ら課題を見つけ探究する学力を身につける。
中期　理論的思考力を養う《活用期》
知識基盤社会の中で生きて働く（活用できる）確かな学力を身につける。
前期　繰り返し習熟を図る《反復期》
生きる力の基礎となる確かな基礎基本の学力を身につける。
自ら学び考える力
生きて働く学力
学びへの不安を解消
自他のいのちを大切にして行ききる根っこ
共感する力
自分の良さを見いだす力
他者と協同して課題を解決する力
他人を思いやる力
夢や希望をもって生きる態度
課題の解決に向けて社会活動に参加する態度
自分を表現する力
自分の生き方を考える力
自らの生活の在り方を考える力
人間関係をつなぐ力
生き方を探求する力
社会に参画する力
自立と貢献を促進
★夢や志を育む教育活動
○道徳教育の改善・充実
○9年間を見通した夢チャレンジの時間（生活・総合的な学習の時間）
○異学年交流活動の時間（1・2年，2・5年，1・6年，5～7年，3・8年，4・9年）
○学園行事（呉中央学園大運動会・二分の一成人式・立志式）
★児童生徒が創り出す学園文化
○トランペット鼓隊（6年生全員が取り組み，伝統をつないでいく）
○学園文化祭（学級合唱・作品展示・学習発表会）
★9年間を共に取り組む生徒指導
○発達段階に応じた生徒指導の展開
【前期】基本的生活習慣の徹底と学習規律の定着
【中期】基本的生活習慣の確立と規範意識の醸成
【後期】自立した生活習慣と社会の一員としての自覚

出典：呉中央学園学校案内「5研究構想図」より作成

び続け、自他の生命を大切にして生ききる根っこを育てる」としています。

実施形態は、施設一体の形をとっており、各学年の教室は4—3—2の区分を踏まえ1〜4学年、5〜7年、8・9年をそれぞれ同じ校舎に配置しています。校長室は2室、職員室は1室、保健室2室、図書室1室となっています。

(3) 教育課程の編成と運営

教育活動の目指すべき理念を「生きる力」に置き、これを実現するため「豊かな学び」と「豊かな生き方」の二つの柱を設け、それぞれ「学びへの不安解消」「自立と貢献を促進」するため、小中一貫教育を展開する構造となっています（図1）。「豊かな学び」は、確かな学力の習得を目指す趣旨であり、「豊かな生き方」は、道徳性やコミユニケーション能力、社会性等の育成をねらいとする趣旨です。
9年間のカリキュラムの区分を4—3—2とし、次のように区分ごとに特色ある取組を進めています。

ア　前期：繰り返し習熟を図る〈反復期〉（1～4学年）
イ　中期：論理的思考力を養う〈活用期〉（5～7学年）
ウ　後期：個性の伸長を図る〈発展期〉（8・9学年）

この区分を前提として、教科等ごとに、9年間の指導計画を作成しています。教科等別指導計画は図2の内容によって構成、設定されています。

指導計画の特色は、まず、学習指導要領の趣旨を押さえるとともに、児童生徒の実態について整理していることです。これらを前提に、小中一貫教育カリキュラムの作成の考え方を整理し、この考え方に基づいて、前期・中期・後期の区分ごとに教科等の目標を設定しています（図3）。

さらに、指導計画の内容は、「1　区分ごとの領域別到達目標」、「2　指導内容・方法等の一覧」、「3　小中一貫教育カリキュラム実施上の留意点」から構成されています。「1　区分ごとの領域別到達目標」について見ると、国語は「話すこと・聞くこと」「書くこと」「読むこと」といった

図2　教科等別指導計画の構成要素

出典：平成24年版「呉中央学園小中一貫カリキュラム」より作成

言語活動を領域としています。

社会は「地理的分野」「歴史的分野」「公民的分野」を領域として設定しています。算数・数学は「数と計算」「量と測定」「図形」「数量関係・資料の活用」を設定し、理科は「エネルギー」「粒子」「生命」「地球」として領域設定しています。

授業時数は、学校教育法施行規則に定める時数を配当して、教育課程を編成しています。一単位時間は1〜6年生45分、7〜9年生50分であり、時間割は、1校時の始まりは1〜6年生と7〜9年生で異なっていますが、3校時の始まりと5校時の始まりの時刻をそろえた設定となっています。

小・中学校教員の乗り入れ授業については、小・中学校教員6名を兼務発令し、主に5・6年の授業に乗り入れ授業を行っています。実施している教科等は、国語、算数、外国語活動、音楽、体育です。また、中期（5・6・7学年）において一部教科担任制を実施しています。

一部教科担任制のメリットについては、次の点をあげています。

①前期の学級担任制から教科担任制への緩やかな移行を図る。
②確かな学力を付け、学習意欲を高める。
③多くの教員の目で児童を見ることができ、児童理解をより豊かにする。

また、学習評価に関して期末試験を一部教科について5・6学年で実施していることも特色で

図3　国語科指導計画作成上の視点

学習指導要領改訂の視点から

国語科の目標は，国語を適切に表現し正確に理解する能力を育成し，伝え合う力を高めるとともに，思考力や想像力及び言語感覚を養い，豊かにし，国語に対する関心・認識を深め国語を尊重する態度を育てることである。

実態からの課題

自分の考えを持ち，論理的に表現する力が不足している。自分の考えを伝え，かかわり合う中で，自分の考えを深めることができるようにするには，発達段階に応じた系統的な言語力の育成が必要である。

小中一貫教育カリキュラム作成の為の基本的な考え方

○発達段階に応じた指導内容の重点化

前期は「繰り返し学習し，正しく伝え合うための言語の習得期」と捉え，中期は「論理的・抽象的な言語の活用期」と捉え，後期は「個性を伸長するとともに，社会性を備えた言語の育成期」と捉え，発達段階に応じた指導内容を工夫する。

○言語活動の充実

9年間を見通し，系統的な「ことばの時間」を展開すること，つけたい力に応じた言語活動を充実させることを通して，言語に関する知識・技能を身に付けさせる。

○読書指導と辞典の日常的利用

9年間を通して読書に親しむ中で，ものの見方，感じ方，考え方を広げたり，自分の論旨を展開するための豊富な言語を獲得したりすることを目指す。

めざす児童生徒の姿

・自分の思い・願い・考えを確かにもち，自分のことばで的確に伝え合うことができる児童生徒
・人とかかわり合う中で自分の考えを深め，さらに自己を高めていく児童生徒

区分ごとの教科等の目標

前期	中期	後期
繰り返し学習し，正しく伝え合うための言語の習得期 ・相手や目的に応じ，筋道を立てて話す能力，話の中心に気をつけて聞く能力，進行に沿って話し合う能力を身に付けさせるとともに，工夫しながら話したり聞いたりしようとする態度を育てる。 ・相手や目的に応じ，段落相互の関係などに注意して文章を書く能力を身に付けさせるとともに，工夫しながら書こうとする態度を育てる。 ・目的に応じ，内容の中心を捉えたり段落相互の関係を考えたりしながら読む能力を身に付けさせるとともに，幅広く読書しようとする態度を育てる。	論理的・抽象的な言語の活用期 ・目的や場面に応じ，構成を工夫して話す能力，話し手の意図を考えながら聞く能力，話題や方向をとらえて話し合う能力を身に付けさせるとともに，話したり聞いたりして考えをまとめようとする態度を育てる。 ・目的や意図に応じ，構成を考えて的確に書く能力を身に付けさせるとともに，進んで文章を書いて考えをまとめようとする態度を育てる。 ・目的や意図に応じ，様々な本や文章などを読み，内容や要旨を的確にとらえる能力を身に付けさせるとともに，読書を通じて，ものの見方や考え方を広げようとする態度を育てる。	個性を伸長するとともに社会性を備えた言語の育成期 ・目的や場面に応じ，相手や場に応じて話す能力，表現の工夫を評価して聞く能力，課題の解決に向けて話し合う能力を身に付けさせるとともに，話したり聞いたりして考えを深めようとする態度を育てる。 ・目的や意図に応じ，論理の展開を工夫して書く能力を身に付けさせるとともに，文章を書いて考えを深めようとする態度を育てる。 ・目的や意図に応じ，文章の展開や表現の仕方などを評価しながら読む能力を身に付けさせるとともに，読書を通じて自己を向上させようとする態度を育てる。

出典：平成24年版「呉中央学園小中一貫教育カリキュラム」より作成

す。

児童生徒の自学自習を進めるため、「まなびのすすめ」を作成して活用しています。この「まなびのすすめ」には、学年ごとの家庭学習時間の目安とともに、学習の進め方が項目として示されます。更に、授業日ごとに、毎時の学習予定を記し、それに対応する家庭学習を記録する形式となっています。就寝、起床時刻や朝食の状況、心身の健康についてもマークするようになっています（図4）。

特色ある教育活動として、第7学年の「立志式」、第4学年の「二分の一成人式」、全校の「大運動会」があります。また、異学年交流活動も行われています。

（4）学校の組織運営、地域との連携

学校の組織について、管理職についてはまず小学校長1名、中学校長1名、教頭2名、主幹教諭1名の体制となっています。また、学校運営委員会及び小学校企画委員会、中学校企画委員会が設置されています。

学校運営の分掌は、「生徒指導・健康安全部」「学年部」「研究部」「教務部」「庶務部」となっています。「生徒指導・健康安全部」について、生徒指導は前期・中期・後期別に分かれていますが、保健指導や清掃指導、児童会、生徒会は小学校と中学校とに分かれています。「学年部」は、前期・中期・後期の分掌とされています。「研究部」は、上記で示した「豊かな学び」と「豊かな生き方」の二つの柱に対応する形で、学力向上部会と心の育成部会が構成されています。

「教務部」の分掌について、「シラバス」は、前期・中期・後期ですが、学校行事は小学校・中学校の区分となっています。分掌表には、これら以外に「夢チャレンジカリキュラム」が記載されています。「夢チャレンジ」とは総合的な学習の時間の名称です。

図4　呉中央スタンダード

Date：　　月　　日（　）

<table>
<tr><td colspan="2"></td><td>学　習　予　定</td><td colspan="3">家　庭　学　習
7年90分　　8年120分　　9年150分</td></tr>
<tr><td>1</td><td></td><td></td><td>教科</td><td>内容</td><td>時間</td></tr>
<tr><td>2</td><td></td><td></td><td></td><td></td><td>分</td></tr>
<tr><td>3</td><td></td><td></td><td></td><td></td><td>分</td></tr>
<tr><td>4</td><td></td><td></td><td></td><td></td><td>分</td></tr>
<tr><td>5</td><td></td><td></td><td></td><td></td><td>分</td></tr>
<tr><td>6</td><td></td><td></td><td></td><td></td><td>分</td></tr>
<tr><td colspan="3" rowspan="2">持ってくるもの</td><td>学習時間合計</td><td></td><td>分</td></tr>
<tr><td colspan="3">1日の振り返り</td></tr>
<tr><td>寝た時間</td><td colspan="2">時　　分</td><td colspan="3" rowspan="6"></td></tr>
<tr><td>起きた時間</td><td colspan="2">時　　分</td></tr>
<tr><td>朝ごはん</td><td colspan="2">食べた　・　食べていない</td></tr>
<tr><td colspan="2">体の元気</td><td>心の元気</td></tr>
<tr><td colspan="2"></td><td></td></tr>
</table>

保護者サイン

出典：呉中央学園「まなびのすすめ１　7・8・9年生」より作成

また、小中一貫教育の推進を担当するコーディネーターが、小学校・中学校に各1名置かれています。教務主任、生徒指導主事とも小学校、中学校に各1名の配置です。

地域との連携については、ボランティア清掃や計画的なキャリア教育における職場体験活動等を通じた活動が実施されています。

(5) 呉中央学園の取組の特色

呉中央学園における取組の特色として次の点を挙げることができます。

第一は、4―3―2の区分を踏まえ、教科等ごとに精緻な指導計画を作成し学習指導に生かしていることです。特に区分ごとの領域別到達目標を明確にし、かつ指導内容・指導方法の一覧を示していることも特色と言えます。

第二は、学校における学習と家庭学習とを関連させながら、家庭学習を確実に進めるための取組を行っていることです。家庭学習の時間の目安、学習の進め方なども示し、学習の指針としています。

第三は、学習評価における小中の段差を少なくするため、5・6学年から定期テストを実施していることも特色と言えます。

(6) 取組の成果と課題

取組の成果については、一貫教育校としての多様な取組が行われており、成果も多くの視点から提示されています。一つは、授業改善に関わる成果です。

全国学力・学習状況調査の結果を手掛かりに授業改善の取組を進め、その結果、正答率の上昇につながった例が報告されています。**全国学力・学習状況調査の結果は、6年生・9年生とも国語、算数・数学の学習状況が全国平均を上回っています。**また、**異学年交流活動に関わる成果として、自尊感情や協力性に関する児童生徒へのアンケート調査を実施し、その効果が確認**されています。

教職員へのアンケートによると、「児童生徒への理解や見方は変わったか」という問いに対して、肯定的な回答は95%となっています。「児童生徒の変容はみられたか」という問いに対しては、肯定的な回答が95%、「小中一貫教育研究によって指導方法・指導内容に対する工夫改善がみられたか」の問いに対しても、肯定的な回答は95%となっています。

4．呉市立和庄中学校区

（1）実施に至る経過

和庄中学校区は、和庄中学校と和庄小学校、本通小学校、長迫小学校で構成されています（表2）。小中一貫教育を実施する以前は、小学生の中学校への進学に伴う学校生活への適応や学習面での不安について課題が指摘されていました。また、中学校入学後の学力形成について課題があることが指摘されていました。

和庄中学校区の小中一貫教育に向けた取組としては、平成16年度に小中相互の授業参観や校区教務主任協議会の開催などが行われました。翌平成17年度には、中学校1年生の授業参観や生徒指導主事研修会、養護教諭連絡協議会、新入生連絡会、算数・数学のカリキュラム研究などが実施されました。平成19年度より中学校区をまとまりとした小中一貫教育が実施されることとなりました。

表2　和庄中学校区4校の児童生徒数・学級数

学校名	児童生徒数	学級数（うち特別支援学級数）
和庄中学校	296	13（4）
和庄小学校	254	13（2）
本通小学校	187	8（2）
長迫小学校	141	8（2）

出典：呉市教育委員会「園児・児童・生徒数、学校数」（平成26年5月1日現在）より作成

（2）和庄中学校区の取組

校区の共通経営理念は、次のように設定されています。

「9年間を通して自立心の育成を図り、自主的・主体的な行動ができる児童生徒を育成する」

各学校はこの校区としての経営理念の下、それぞれの学校の教育目標を踏まえながら、乗り入れ授業や児童生徒の交流活動を展開しています。

[i] 乗り入れ授業の展開

一貫教育を実質化するため、乗り入れ授業を実施しています。中学校から小学校に対して、国語、算数、外国語活動では中学校教員が、体育では中学校教員や市の小中一貫教育推進加配講師が授業を行っています。小学校から中学校に対しては、夏休みの補充学習や職場体験での指導場面で乗り入れ授業を行っています。

乗り入れ授業の成果として、次の点が挙げられています。

ア　小学校時に中学校の授業スタイルを経験し、中学校入学時の段差が小さくなる。
イ　教員は小中9年間の教科の流れを実感し、指導計画の見直しに生かすことができる。
ウ　異校種の教員と連携することで、授業規律や指導法等を学ぶことができる。
エ　教科の専門的な知識や技能を学び、自らの実践に生かすことができる。

これらの成果を整理すると、児童生徒の中学校生活への適応に関すること、教員の学習指導に関すること、授業規律・指導方法に関すること、教科の専門的な知識・技能に関することとしてまとめられます。

[ii] 小中学校の交流活動

一方で、児童生徒相互が交流する活動を実施しています。中学生が行う母校でのあいさつ運動、7年生が企画運営する小学生向けのオープンスクール、中学生が企画運営する1・2・9年生異学年交流、小中合同クリーン活動、小学校の陸上記録会合同練習会における中学校陸上部生徒の小学生への指導などが行われています。

交流活動による効果として、次の4点が挙げられています。

ア　小学校児童は、中学校生徒のリーダー性をたのもしく思い、憧れを抱くようになる。
イ　中学校生徒は自分たちがやらなければ、という自覚が芽生え自己肯定感が高まる。
ウ　異校種の教員が必然的に連携し理解し合わなければならない場面が増える。
エ　中学校区の保護者や地域の中に一体感が生まれる。

アとイは児童生徒に見られる効果であり、ウは教員の変化、エは保護者や地域の面からの成果に当たります。

[iii] 生徒指導や学習指導面での連携

生徒指導については、各学校で定めている「生徒指導規程」を4校で共通のものとし、学校の指導の指針や方法をそろえる取組を行っています。家庭学習の充実を図るために「和庄中学校区『家庭学習（自学）のすすめ』～9年間を見通し、子どもの能力を最大限伸ばす～」を作成しています（図5）。内容は、保護者や家族が行うアドバイスの仕方や学習時間の目安、学習内容や方法のポイントです。

そのほか、地域の保護者に対して「和庄中学校区通信」を作成し発行しています。また、和庄地区小中一貫教育研究会も年1回開催されています。

[iv] 推進のための体制

小中一貫教育を推進するための体制として、「呉市立和庄中学校区小中一貫教育推進協議会」が設置されており、各学校の校長・教頭、小中一貫教育推進コーディネーター各校1名、及び学力向上部会、生徒指導部会によって構成されています。学力向上部会は、国語、算数・数学、外国語活動・英語、特別支援教育の部会によって構成され、4校の教員が分属しています。

(3) 取組の成果と課題及び特色

[i] 成果と課題

訪問時の提供資料によると、次のように成果と課題が整理されています。

〈成果〉

ア　中学校から小学校への乗り入れ授業を実施することによって、児童の学習意欲が高まり、中学校への段差が低くなった。

イ　異学年交流等を実施することによって、自己肯定感や自尊感情を高めることができた。

ウ　教職員で研究を重ねたり合同授業を実施したりすることによって、異校種理解を深めることができた。

図５　和庄中学校区「家庭学習（自学）のすすめ」

～９年間を見通し、子どもの能力を最大限伸ばす～

和庄中学校区小中一貫教育推進協議会

家庭生活で大切にしたいことは？

☆早起き・早寝・朝ごはん
☆あいさつ・返事
☆家族の一員としての役割
☆家族の会話

家庭学習をするとこんな力が付きます。

☆学校の授業で学んだことの定着が図れます。
☆自ら学ぶ習慣が身につきます。
☆復習や予習の習慣が身につきます。
☆継続してやり切ることの達成感を味わえ意欲的になります。

家庭学習で大切にしたいこと。

☆時間を決めて，毎日続ける。
☆最後までやり遂げる。
☆自学の習慣をつける。

家庭学習の時間と内容，方法

※子どもが，どのステージにいるか考えて，見通しをもって着実に力をつけられるように家族がアドバイスしたり，協力したりすることが大切です。

学年	前期		中期		後期
	小学１・２年生	小学３・４年生	小学５・６年生	中学１年生	中学２・３年生
どんなアドバイスや協力がが効果的？	学習内容や方法を自分で決めるのはまだ，無理なので，家族の温かい手助けが必要です。	自立心が芽生え，自分でやろうとすることが増えます。しかし，まだ，家族の手助けが必要です。	自分の事は自分で見通しを持ってできるようになります。反抗的な態度が見られることもあるが，根気強い関わり方が必要です。	中学校生活に対する希望とともに，学習や部活動の両立等不安もあります。温かい励ましが意欲を高めます。	思春期に入り，いろいろな悩みや不安を抱える時期です。進路などについて適切なアドバイスが必要です。
	「よく頑張っているね」「すごいね」などの，ほめ言葉が意欲を生み出します。				
大切にしたいことは？	①時間を決めて毎日続けましょう。 ②最後までやり遂げましょう。		③自学の習慣をつけましょう。		
どのくらいの時間？	30分以上	50分以上	60分以上	70分以上	80分以上 ｜ 90分以上
内容や方法は？	宿題を確実にしましょう。		自主勉強（予習・復習）のやり方を知り，すすんでしましょう。	☆復習と予習をすすんでしましょう。 ☆和庄中学校「毎日ノート」での確認をしましょう。 ・３点チェック（勉強時間・就寝時刻・起床時刻） ・教科の宿題	
読む・話す	句読点の声の大きさに気をつけて音読しましょう。	様子を思い浮かべて，気持ちをこめて読みましょう。		いろいろな分野の文章を読み，見方や考え方を広げましょう。	
				英語の発音を確認しながら読みましょう。	英文を読んで内容を読み取りましょう。自分の考えや意見を英文で表現しましょう。
	読書の習慣を身につけましょう。				
書く	正しい姿勢，正しい鉛筆の持ち方を身につけましょう。				
	筆順や「とめ」「はね」「はらい」に気をつけて丁寧に正しく書きましょう。				
	あったことや思ったことを日記に書きましょう。	あったことや思ったことを段落に気をつけて日記を書きましょう。	日記に出来事や思ったことを書き，自分の生活について振り返りましょう。	日記を書くことを通して，自分と向き合い，自分の生き方を考えましょう。	
計算	計算ドリルや計算カードを使いたし算，ひき算，かけ算を繰り返し練習しましょう。	計算ドリルなどの問題に繰り返し取組み，間違えた問題にはもう一度取組みましょう。	速く・正確にできるように繰り返し，計算ドリルなどの問題に取組みましょう。計算を使った文章問題にすすんで取組みましょう。	計算問題のトレーニングを続けましょう。授業で学習した類題に必ず取組みましょう。	応用問題や入試問題にも計画的に取組みましょう。
調べる	家の人に聞いたり，与えられた資料を使ったりして，意欲的に調べましょう。		資料集などを使って調べましょう。	必要な資料を自分で見つけて関心を持って調べましょう。	
		分からない言葉を国語辞典や漢字辞典を自分で調べましょう。			

出典：和庄中学校区小中一貫教育推進協議会資料より作成

〈課題〉

ア　９年間のカリキュラムの見直しを図る。

イ　これまでの取組の成果を生かして、継続的な取組とする。

ここで成果としたことの裏付けとして、平成19年度と平成26年度の全国学力・学習状況調査の結果を比較したデータが挙げられています。「自分に良いところがある」（自己肯定感）、「将来の夢や目標を持っている」（自尊感情）、中学校の国語、数学の正答率などではいずれも向上しています。また、平成18年～25年の中学生の問題行動（暴力行為、いじめ、不登校）の推移を見ると、特に暴力行為は平成18年から19年にかけて減少し、不登校は、平成20年以降徐々に減少しています。

［ⅱ］和庄中学校区における小中一貫教育の特色

和庄中学校区における小中一貫教育の特色として、次の点を挙げることができます。

ア　小学校と中学校との間で、乗り入れ授業とともにあいさつ運動やオープンスクール、クリーン活動、家庭学習のすすめの配布等、多方面にわたる活動が展開されていることである。これらの多彩な活動のそれぞれにおいて、児童生徒のコミュニケーションが促され、結果として自己肯定感や自尊感情の醸成が進み、小中学校間の段差意識が解消されているものと推測される。

イ　校長・教頭、小中一貫教育推進コーディネーターがリーダーとなり、一貫教育推進協議会が設置され、しかも小中一貫教育研究会が毎年開催され、研究及び研修が進められていることである。

〈参考文献〉呉市立五番町小学校、二河小学校、二河中学校『公立小中で創る一貫教育　4―3―2のカリキュラムが拓く新しい学び』ぎょうせい、2005年

第6節

広島県府中市立府中学園

―府中小学校、府中中学校

府中市立府南学園

―第一中学校、国府小学校*、栗生小学校*、旭小学校*、南小学校*

1．小中一貫教育の概要と特色

現在の府中市内には、小学校が8校、中学校が4校あり、「当たり前の義務教育」を提供する観点から、原則として全市で6―3制が採られています。[1] 表1で示したように、府中市には、中学校区単位で小中一貫教育を行う、立地環境が大きく異なる四つの「学園」があります。

このように、府中市の小中一貫教育を行う4学園は立地環境だけでも大きく異なるため、府中市教育委員会は、平成22年頃から各学園の自由度を高めるようにしています。例えば、約1000万円の予算を計上して4学園に1名ずつの市費臨時講師を配置していますが、臨時講師の活用等については全て各学園に任せています。

この中で、上下学園では、中学校の英語講師を雇って二つの小学校にも行かせる乗り入れ授業

＊府南学園を構成しているが、訪問調査を行っていない。

1　上下学園では小5から中1を接続期として焦点化し、小中移行期に力を入れた工夫もしている。

府中市における小中一貫教育の契機と展開

広島県府中市は、古くは備後国の国府が置かれた広島県東部内陸地域にある人口４万人強の都市である。平成 16 年に旧府中市の北側に隣接した旧上下町と合併し、面積は 195.71 平方キロメートルと拡大した。ただ、近年では少子高齢化による人口減少の進行が課題となっている。

小中一貫教育が始まる頃の府中市教育委員会には、他地域がやらないことを実験的にやるよりも、当たり前の義務教育を充実させようという考え方があった。また、この当時には小・中学校の連携に課題が見られていた。

具体的には、中学１年生で不登校生徒が急激に増えるという課題や、広島県が毎年実施する“「基礎・基本」定着状況調査”で、小学生は県平均を上回るのに対して中学生は県平均を下回るという課題があった。

さらに、平成 14 年に市内中心部にあったＪＴ府中工場が閉鎖されてまちづくり面での新たな施設が求められたことや、既存の学校施設に老朽化の問題が生じていたことも重なり、ＪＴ工場跡地に小中一貫型学校（後の府中学園）の建設が平成 15 年に決まった。

これを受けて、府中学園の新校舎が完成する平成 20 年度から小中一貫教育の完全実施を明確に掲げ、平成 16 年度には全市で小中一貫教育の試行が開始された。

平成 17 年からは学校現場での試行状況も見ながら、市教育委員会主催で有識者も含めた小中一貫教育検討会議で授業作りを中心に検討し、前後のつながりを重視した市のカリキュラム作りや、それに沿った教材研究開発を各校で進めた。また、同時期に中学校教員が小学校に乗り入れ授業する日を設定する取組も行われた。

全国的にも早くから小中一貫教育を導入した府中市であるが、様々な試行錯誤を繰り返してきた。平成 22 年３月には「府中市小中一貫教育推進プラン　プラス５プログラム」で、各学園と保護者や地域が一体となって取り組むことを提案し、学校教育を更に充実させようとしている。

また、小中一貫教育の取組開始当初は市教育委員会主導で進めたが、学校環境の違いによる多様性を認めて、裁量権を市教育委員会から学校へと少しずつ移行しつつある。

表１　府中市で小中一貫教育を行う４つの学園

立地環境	学園名（愛称）	中学校	小学校
一体型	府中学園	府中中	府中小
	府中明郷学園	府中明郷中	府中明郷小
連携型	上下学園	上下中	上下北小・上下南小
併用型	府南学園	第一中	国府小・栗生小・旭小・南小

注：立地環境は府中市の用語をそのまま用いた。「一体型」は施設一体型，「連携型」は施設分離型，「併用型」は施設隣接型と施設分離型の併用を意味する。
出典：府中市資料より作成

を行っており、府中明郷学園では一体型であることを活かして小中両方の免許所有者を迎えてうまく両方の授業を担当させています。

　また、平成24年度から「学園チャレンジプロジェクト」と呼ばれる、各学園からの提案された独自事業が採択されると、市長直轄予算から上限２００万円の予算を付けて取り組ませる取組もできています。

　一方で、全市での取組である強みも生かし、統一的に行われている取組もあります。

　小中一貫教育を本格導入した平成20年には、９年間の学びのつながりを重視した「府中市小中一貫教育カリキュラム」を作成し、学習指導要領の改訂に伴って平成24～25年度には同カリキュラムの改訂も進めて、各学園のカリキュラムの基礎として位置付けています。また、各学園での授業作りを検討するために、「府中市小中一貫教育推進会議」を年２回開催し、各学園持ち回りで教育研究成果を発表する「小中一貫教育研究大会」も毎年開催しています。

　さらに、平成25年３月には、平成25年度から10年間の「府中学びプラン」が策定され、小中一貫教育の推進は、第一の政策の柱として掲げています。例えば、小・中学校間の乗り入れ授業や異学年交流のようなこれまでの推進施策を更に見直した「新小中一貫教育プランｉｎ府中」の実施や、地域に広げる「ことばの教育」事業をはじめとした9年間の義務教育を更に進化させるための取組も進められています。
以上のように、府中市教育委員会や府中市による強力なバックアップを受けながら、各学園がある程度の裁量を持って小中一貫教育を進めている状況です。

2. 市教育委員会から見た小中一貫教育の成果と今後の展望

平成16年度からの試行期間も含めた10年間の取組で、いわゆる「中1ギャップ」で生じると考えられる中学1年生からの不登校生徒が減少しました。また、平成16年度には、小・中学校全体で見ても、不登校者数は平成16年度の約60人から、平成25年度の約20人へと減少しました。さらに、学力面で見ても、文部科学省による全国学力・学習状況調査や広島県による「基礎・基本」定着状況調査によって市の平均値と国や県の平均値とで比較しても全体的に上回っており、小中一貫教育による効果が見えてきたとしています。[2]

府中市教育委員会は、小4と中1を対象に毎年行っている「生活調べ」において、児童生徒の自尊感情、自己効力感、社会性などを調査しています。この調査からも、いずれの指標でも経年的に改善傾向が見えてきています。

これらの状況は、一般市民にも伝わるようにホームページ等で小中一貫教育に関する情報を積

2 訪問調査時に提供を受けた内部資料でもこの傾向が確認された。やや古いデータだが府中市教育委員会の「府中学びプラン」（平成25年3月）7ページなどにも同様の記述がある。

極的に出すようにしています。市議会からも小中一貫教育の取組は全般的に好評を得ており、市民からの信頼も得つつあるようです。

今後の展開としては、コミュニティ・スクール（学校運営協議会制度）を推進して、地域住民を取り込んだ学校教育に発展させようと考えています。その先駆けとして、府中明郷学園において平成26年度からコミュニティ・スクールの取組が始まっています。ここでは一体型での小中一貫教育であるため小・中学校で一つの学校運営協議会を設置しています。

もともと府中明郷小学校は、小中一貫教育が本格的に始まった平成20年度以降に、四つの小学校が段階的に一つに統合されたという経緯もありました。このため、地域住民と学校との関係性が薄かったと言いますが、コミュニティ・スクールとして参加してもらうことで、こういった思いが緩和されたと言います。また、そのほかの学園においても、順次コミュニティ・スクールの試行や導入に向けた準備が進んでおり、この取組は今後も拡大する見込みです。

3．府中学園

（1）府中学園の概要と特色

既に述べたように、府中市が小中一貫教育を実施するようになった大きな契機の一つは、JT府中工場の閉鎖による跡地利用の問題です。その工場跡地にあるのが、現在の府中学園の小中一体型校舎です。なお、現在の府中学園校舎の北東はす向かいには、旧府中第二中（府中学園の開始とともに府中中学校と改称）の校舎がありました。旧中学校の敷地は、現在体育館等の「体育ゾーン」

として利用しており、現校舎とは歩道橋で結ばれています。

その現在の一体型校舎による1中1小体制での授業が始まったのは、全市での本格的な小中一貫教育が開始された平成20年度で、府中市における小中一貫教育のモデル校として位置付けられていました。なお、平成19年度までは、旧府中第二中と旧東小、旧西小、旧岩谷小、旧広谷小の1中4小体制で試行していました。

平成26年5月時点において、小学校は21学級626名（うち特別支援2学級14名）、中学校は14学級382名（うち特別支援2学級3名）と、1008名の児童生徒を抱える比較的大規模な学園となっています。

施設一体型の現校舎では、7年目となった現在においては、当初は10名以上だった中学校からの国私立学校進学者も数名程度に減少しており、児童生徒や保護者にも一貫教育の良さが伝わりつつあるようです。

市費により学園に派遣される臨時講師は、中学校の英語教員を迎え入れ、小学校5・6年で行う外国語活動の全授業時間にはT2（補助教員）として入っています。また、小学校5年から一部の科目で教科担任制を導入して、中学校の教科担任制に慣れさせる取組もあります。

興味深いのは、教室構造が学年によって変化している点です。

小学校1・2年では学習活動や生活の大半がその場で完結する総合型、小学校3～6年では間仕切りのないオープンスペース型、中学校では教科教室型（教科センター方式）となっており、各クラスの拠点や荷物置場となるホームベースも用意されています。

旧府中第二中時代からの「求めよ」という校訓に従い、学習環境を求めて生徒たちが主体的に動くことや、中1に中3の姿を近くで見せることを目的として、中学校段階では教科センター方式が導入されています。この学年別教室は、校舎構造上固定されており、児童生徒は校舎内を9年間かけて回るような設計となっています。

全市で行われている小中相互乗り入れ授業は、全教員が異校種に少なくとも年1時間は行っています。ただ、時期は各教員の都合に応じて個別に調整しています。

府中学園独自で行われている特筆すべき取組として「小中連携シート」があります。それぞれの児童生徒本人や家庭状況等に関する記録を小1から中3まで引き継ぎ、小中間で情報共有をしっかりとすることによって、それぞれの子の成長をより深く見守りつつ、保護者を含めた無用なトラブルも未然に防ぐように工夫しています。

なお、一体型校舎ですが小・中学校で単位授業時間（小45分、中50分）は異なるため、小中同時にスタートする1、3、5校時の開始時間のみチャイムを鳴らしています。

(2) 小中一貫教育推進のための組織と運営

府中学園に勤務する全教諭に対して、小・中学校の兼務発令が出されています。

これは、全教員が異校種に乗り入れ授業をすることに加え、例えば教員の出張時や修学旅行等の行事で急病の先生への代理者が用意しやすいことを想定したものです。また、兼務発令による追加的な手当が出ないため、広島県教育委員会からも全く支障なく兼務発令が出ています。

広島県教育委員会の方針により、小中一貫教育そのものに対する加配は全くされていません。

一体型校舎である府中学園の校長は小中兼任で1名となっており、教頭は小中それぞれ1名ずつ配置されています。

ただし、県費負担教員として、生徒指導とコミュニティ・スクール研究指定で小学校に各1名、更に理科教育で中学校に1名加配されており、府中学園には合計3名の教員が小中一貫教育と異なる名目で加配されています。

図1　府中学園における小中一貫教育推進のための組織図

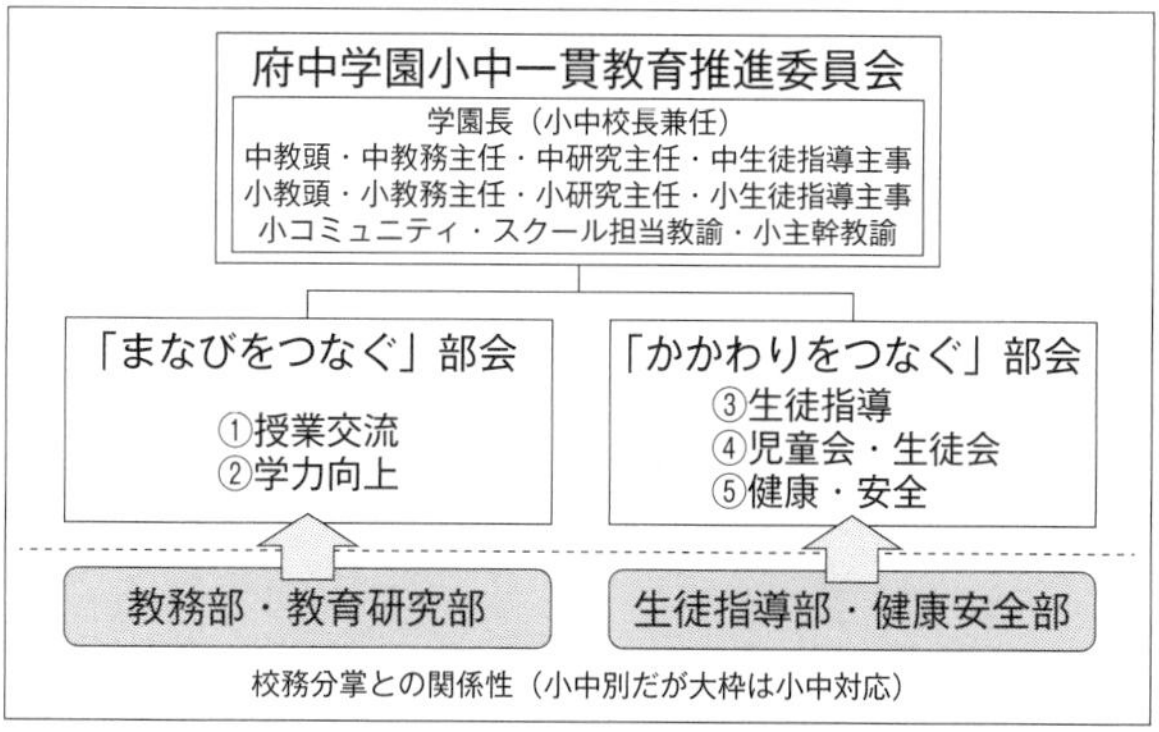

出典：府中学園提供資料より作成

職員室は小中合同で、教科センター方式で教科別職員室のある中学校教員も、基本的には合同職員室に戻るようになっています。また、職員会議を小中合同で行うのは年度当初の数回程度にとどまっており、通常は小・中学校で分離した職員会議が行われています。

ただし、授業研究や小中一貫教育に関する会議については、常に小中合同で行われています。校内の小中一貫教育推進委員会を中心に組織の整理再編を繰り返しており、平成26年度からは**図1**の①~⑤の5部会の組織となっています。校務分掌は小・中学校で分離していますが、そろえられるものはできるだけそろえて、小中一貫推進のための組織と連動させています。

平成26年度は、府中学園となって7年目で校長が交代したこともあり、転換期に当たると考えられています。

毎年5月に開催される小中合同での「ふれあいスポーツフェスティバル」が平成26年度にも開催されましたが、平成27年度からは廃止して小中それぞれの運動会だけに変更すると言います。この理由として、中学生が小学生に合わせるために、中学生としてのエネルギーの強さのような本来の姿が見えなくなってしまったことが挙げられました。

府中学園での小中間も含めた異学年交流はさかんですが、あえて小中それぞれの行事も残すことによって、小学生と中学生のそれぞれの年齢に応じた良さを出したいという考えも出てきています。なお、中学校の文化祭については、先行的に小6のみを一部参加させています。

（3）小中一貫教育の成果と課題

府中学園では、**中1で新たに不登校になった生徒が平成23年度以降いなくなったことなどから、小中一貫教育による「中1ギャップ」**[3]**解消という効果が現れた**と捉えられています。**全国学力・学習状況調査から算数・数学面での効果が見えており、学力向上面でも一定の成果**が見られています。

教職員の意識変化という大きな成果も見られました。

小中一貫教育導入直後は、異校種の状況が分からなかったため、教職員からの抵抗も強かったと言います。しかし、長期的に取組を継続することで小・中学校間の理解が進み、その抵抗は次第に薄れていきました。

例えば、小学校教員が小学校卒業後の中学生としての姿を想像できるようになったことや、相互乗り入れ授業を行うことで、小中教職員間の文化交流が進み、お互いの良さを認めて取り入れる形で行事や授業が変わっていったと言います。また、教科教室制による各教科センターには教科別職員室もあり、教員間で教科内容上の相談がしやすくなったという効果もあります。

一方で、小中一貫教育による課題も生じています。

全国的にも珍しい小中一体型校舎であり、かつ中学校では教科教室制を採っていることから、環境になかなかなじめない教員も出てきています。このような課題に対して学校側では、教員自身に柔軟性やキャリアアップの意識を持ってもらいたいと考えています。生徒側にもオープンスペース教室での近隣教室の音や中学校1・2年生のホームベースが構造上狭くて利用しにくいという課題もあります。

また、府中学園開校当初は、異学年交流を促進するために行事を何でも一緒にやろうとしていましたが、これによって小・中学生らしさが失われるという課題も生じていました。このため、先述の「ふれあいスポーツフェスティバル」のように、あえて小中間交流行事を減らすような試みを進めつつあります。

一般的にしばしば指摘される一貫教育による教員の負担感に関する問題もあります。教職員の

3　府中学園提供の内部資料によると、広島県平均との比較で同一学年の小6算数・中3数学を経時的に追いかけると、相当な上昇が見られた。ただし、国語については小6時点で県平均より相当高かったこともあってか、ほぼ横ばいという結果であった。

取組や研究を積み重ねることで、子供たちが良い方向へと変わる様子を感じさせることで、負担感を軽減させようとしています。

なお、府中学園には、小・中学校両免許を併有する教員もいますが少数にとどまり、教員は県レベルでの異動もあり得るので、小・中学校両免許を併有する教員を期待することは難しいと言えます。

4. 府南学園

(1) 府南学園の概要と特色

府南学園は、第一中学校と国府小学校、栗生小学校、旭小学校、南小学校の四つの小学校とで構成されています。地理的に第一中学校と南小学校は隣接していますが、そのほかの三つの小学校とは2~5キロメートルほど離れており、施設隣接型と施設分離型の「併用型」での小中一貫教育が行われています。調査日程の制約により第一中学校への訪問調査にとどまったため、ここでは、第一中学校の視点から見た府南学園の状況を記述します。

平成26年5月時点での府南学園を構成する各学校の概況は**表2**のとおりです。

第一中学校は、昭和24年に開校した歴史のある学校で、昭和末期には1000人を超える生徒が在籍する大規模校でした。その後の少子化によって、現在の生徒数は400人程度で全学年4学級ずつの標準的な規模に落ち着いています。上記4小学校の卒業生の約15名が他校（近辺の国私立中学校や学区域の関係で府中中学校）に進学するものの、ほとんどの生徒が第一中学校に進学しており、近年はこのような傾向が続いています。

小中一貫教育の試行的取組を始める直前の第一中学校では、生徒の学力面の課題に加えて、問題行動や卒業時の進路未決定のような生徒指導面の課題も抱えていました。これに対し、第一中学校では小中一貫教育の取組に加え、教科教室制を導入して学年別にフロアを分けて教科別に教室移動させる取組も併用しました。ただ、学校側は、教科教室制に対する再検討が必要という認識を持っており、ここでは教科教室制を紹介するだけにとどめます。

表2　府南学園構成校の概要

学校名	児童生徒数	学級数（うち特別支援学級）
第一中学校	432名	15学級（3学級）
国府小学校	329名	15学級（3学級）
栗生小学校	142名	8学級（2学級）
旭小学校	274名	14学級（2学級）
南小学校	160名	9学級（3学級）
合計	1,337名	中15学級・小46学級

出典：府南学園提供資料及び各校ホームページより作成

府南学園が進めている小中一貫教育の取組は、大まかには**「学びをつなぐ」「教職員をつなぐ」「かかわる力をつなぐ」という三つの取組に分類**できます。

「学びをつなぐ」取組は、9年間を見通した学習指導であり、小・中学校で授業規律や授業モデルを統一して新入生が持つ中学校の授業への違和感を緩和するような取組が中心です。

特に、平成26年度には「振り返り」に重点を置き、各授業でまとめを書かせるなどのノートの取り方を指導するようにしています。また、平成24〜26年度において、広島県教育委員会による小中連携型による研究事業である「学力向上総合対策事業（タイプⅠ）」の指定を受けており、これを府南学園の小中一貫教育と連動させています。この事業で県から研究主任教諭が1名加配されています。ここでは地域的に課題のあった「書く力」「伝え合う力」に関する指導方法を見直して言語活動を充実させるような授業作りを中心に進めています。

「教職員をつなぐ」取組は、小中教員が相互に乗り入れ授業や、府南学園としての取組を確認するための小中合同研修会などを行っています。乗り入れ授業は各教員がティーム・ティーチングの補助的教員（いわゆるT2）として異校種の授業に入り、異校種の学習指導を確認することが中心です。

また、「かかわる力をつなぐ」取組は、毎月27日を「府南の日」と呼び、学園を構成する各校で保護者や地域とも連携したあいさつ運動を行っています。さらに、5校のつながりを強める「絆プロジェクト」として、各学校の児童生徒会メンバーを集めて交流する小中合同リーダー研修会を開催しています。

(2) 小中一貫教育推進のための組織と運営

小・中学校5校により一つの学園を構成していますが、施設的には分散していることから、それぞれの学校に校長等の管理職が配置されています。中学校長を学園長とした府南学園としての組織も構成して、小中一貫教育やそれに伴う小中合同での研究等を推進しています。

府南学園の小中一貫教育を推進するための組織は**図2**のとおりです。各校の小中一貫教育の推進担当教員で構成され、学園内の連絡調整などの中心的な役割を担う事務局会は月1回開催され、第一中学校の主幹教諭が事務局長となっています。

かつては全教職員に対する小・中学校での兼務発令が出されていた時期もありました。しかし、

図２　府南学園における小中一貫教育推進のための組織図

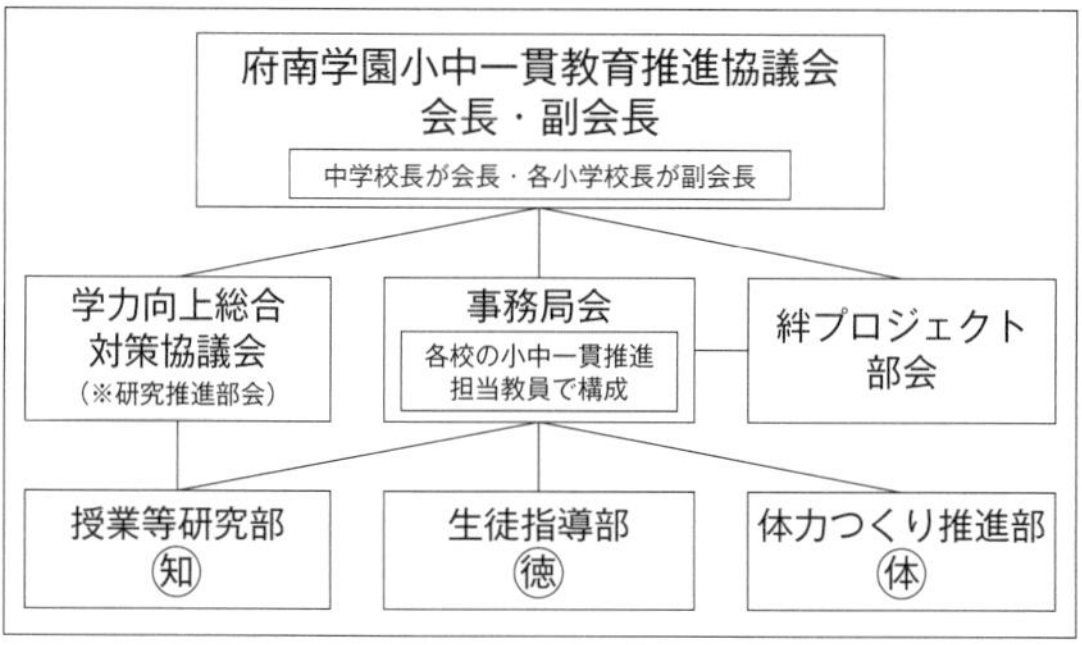

出典：府南学園提供資料より作成

現在では府南学園の地理的状況や全てＴ２として乗り入れ授業をしている状況も考慮して、小・中学校での兼務発令は出されていません。

府中市から各学園に一人ずつ配置される市費講師で中学校に体育教員が来ており、第一中学校に隣接する南小学校で５・６年生の体育の授業にもＴ２として乗り入れていますが、他の小学校には乗り入れていません。当初は、全小学校で平等になるように乗り入れていたのですが、南小学校以外への乗り入れ授業前後に移動のための、空きコマが生じるなどの課題が生じました。

このため、与えられた環境で可能な取組をしようという方向に転換して、隣接する南小学校だけに乗り入れをすることになりました。ただし、このように小学校間に乗り入れ授業の面で差を付けてはいるものの、各小学校での独自性を認める学園運営をしているため、特に大きな不満は出てきていないと言います。

このような状況もあり、学園を構成する５校の児童生徒が一堂に会する機会はありません。ただ、中学校では小学校４校に在籍する６年生向けに体験授業や部活体験の機会を提供するオープンスクールを開催しています。また、府中市全体で開催される年１回の「学びフェスタ」というイベントでも、多くの子供が中学校に集まる機会となっています。

（3）小中一貫教育の成果と課題

学力面での成果としては、平成26年の全国学力・学習状況調査及び広島県の「基礎・基本」定着状況調査において、どの調査対象科目でも県平均を上回る通過率となったことが指摘できます。また、取組を通じて中学3年生が目指すべきゴールとしての姿を見せてくれているように、児童生徒の姿が変わってきたとも学校側は感じています。そして、**教職員間の交流機会も増えてきた効果**が見られました。

そして、小中一貫教育を始めてから相当な期間が経過したことにより生じた課題への対応が進みつつあります。

平成23年頃には、小中間の乗り入れ授業で生じた課題について振り返りや整理を行う時間が取れず、小中一貫教育の取組が目的化してしまったという問題が生じていました。このため、**取組の中で何を残して、何を止めるべきかという検討がなされ、できる部分に絞って取り組むという業務改善**が行われました。先述した中学校に隣接する南小学校にのみ加配講師による乗り入れ授業を行う事例も、この考え方によるものと指摘できます。

また、授業に関しても、学力不足の子どもへの集中的な取組を行うなど、重点化すべき課題をできるだけ絞り込むようにもなりました。このような絞り込みによって、目的化した小中一貫教育で生じていた教職員の負担感の軽減にもつながっており、より中身のある小中一貫教育の取組へとつなげてきました。

また、先述した広島県による指定事業が平成26年度で終了し、研究のための加配がなくなるため、平成27年度以降には校務分掌面を中心に影響が出ると予想されます。取組の取捨選択のような業務改善を進めて浮いた時間を少しでも生徒指導や小中間の教職員の共通理解作りに回せないかという模索を進めています。

以上のように、「併用型」の5校による取組という与えられた環境の中で、子どもたちのためにできることをやろうという考え方で、見える小中一貫教育ではなく、機能する小中一貫教育を目指して取り組む事例として捉えることができるでしょう。

第7節　高知県梼原《ゆすはら》町立梼原学園
―梼原小学校、梼原中学校

1．小中一貫教育導入の経緯

小中一貫教育校「梼原学園」の成立に至るまでの経過を、以下に箇条書で整理します。

①昭和45年　梼原中学校新校舎落成、校章・校歌制定。
②昭和56年　梼原・松原・四万川《しまがわ》の3中学校が統合し、梼原町立梼原中学校発足。
③平成9年　梼原中学校が県教育委員会の「中高連携教育推進事業」の指定を受ける。連携相手の高等学校は創立80年余となる県立梼原高等学校である。
④平成13年　梼原中学校が県教育委員会から「中高連携教育開発校」の指定を受ける。
⑤平成17年　梼原中学校が県教育委員会から「連携型中高一貫教育推進校」の指定を受ける。
⑥平成22年　梼原中学校の敷地内に梼原小学校新築校舎完成。梼原中学校大規模改修工事が完成。越《お》知面《ちめん》小学校・四万川小学校が閉校。
⑦平成23年　越知面小学校・四万川小学校が梼原小学校に統合。

平成22年度に新築された梼原小学校と、同時に大規模改修された梼原中学校を施設一体型校舎

梼原町の概要

梼原町は高知県の中西部にあり、標高410メートルの「雲の上の町ゆすはら」と呼ばれる山あいの町で、町面積の約91％が森林であり、人口は3,700人余（平成27年2月現在）となっている。愛媛県との県境に位置し、幕末の英雄・坂本龍馬「脱藩の地」として知られている。

同町は風力発電や水力発電などの自然エネルギー開発に積極的に取り組んでいる理想モデル都市である。

例えば、梼原学園でも小型水力発電機を持ち、発電した電力を昼間は学園の中学校施設で利用し、夜間は町内の街路灯で使用しているほか、寄宿舎には地元の間伐材を利用するペレットを燃料とする冷暖房機器が設置されており、これらを活用した環境教育にも力を入れている。また、古くからの人と人とのきずなが今でも残っており、住みやすい地域だとされている。

梼原町の小・中学校は梼原学園1校である。県立高校が1校ある。

として、平成23年4月に「梼原町小中一貫教育校「梼原学園」」に基づく小中一貫教育ビジョン」に基づく小中一貫教育校「梼原学園」が開校しました。

このように梼原学園成立までの経過を追ってみると、梼原中学校は小中一貫教育への取組に先立って、中高連携や中高一貫教育と長期にわたり継続的に取り組んでおり、その経験や成果が今日の取組につながっているものと思われます。

2. 小中一貫教育の実施形態

(1) 学級編成等

平成26年度における小学校の学級数は9（うち特別支援が3）、児童数は140名です。中学校の学級数は5（うち特別支援が2）で、生徒数は80人です。

梼原学園としては学級数が14（うち特別支援が5）、児童生徒数が220名です。

（2）施設一体型の小中一貫教育

施設を一体的に利用しながら小中一貫教育に取り組んでいます。

校舎は小学校棟と中学校棟が広くゆったりとした渡り廊下でつながっています。1階部分はコンクリート造ですが、2階以上は地産の杉をふんだんに使い、自然採光にも配慮し、開放的なものとなっています。職員室は一つで、小学校棟2階に設けられています。

また、学年の教室配置は、小学校棟2階に1～4年、中学校棟2階に5～7年、同3階に8・9年と後述する学年区分に合わせたものとなっています。

なお、学校統廃合に伴い通学が困難となった生徒のために寄宿舎「梼の木寮」を敷地内に設置し、中学校教頭が舎監長を務めています。

3．教育課程の編成と運営

（1）町教委が考える小中一貫教育

町教育委員会の小中一貫教育に対する基本的な考え方は、要するに「義務教育9年間を総合的にとらえ、長いスパンで基礎学力の確実な定着を図るとともに、脳や身体の成長に合わせた指導へ変換する新しい教育が『小中一貫教育』であり、町はこれを推進します。この小中一貫教育によって、少子化問題を解消し、異年齢活動による豊かな人間関係づくり、コミュニケーション能力の向上も期待できます。また、梼原には『人と人とのきずな』を大事にする心が家族から地域に至るまで残されており、この良さを生かし、家庭・地域・学校が一体となって教育課題の解決に取り組む体制をつくります。」（第1期推進基本計画や普及啓発リーフレット等から）ということです。

（2）教育目標等と教育課程

前述した町教育委員会の基本的な考え方を受け、小・中学校が共有する学校教育目標は次のとおりです。

「豊かな人間性と生きる力をもった児童生徒の育成―知・徳・体・食のバランスのとれた教育の推進―」

また、共有する「目指す児童・生徒像」は次のとおりです。

・明るく元気で学力を身につけた子ども
・仲間を大切にする子ども
・自分から進んで行動する子ども
・自然とふるさとを愛する子ども
・目標に向かい何事にも挑戦する子ども

教育課程に対する基本的な考え方は、「9年間の系統的な学びによる、基礎学力の定着と学力の向上」に尽きます。

(3) 学年区分と指導体制等

小・中学校の9年間を以下の3期に学年区分し、それぞれのまとまりを重視した系統的な教育を進めています。

・前期　1～4年生　・中期　5～7年生　・後期　8・9年生

「小学生」「中学生」との呼称をやめ、あえて「1年生」、「7年生」、「9年生」というような呼び方をすることにしています。

また、中期と後期の学年の教室は中学校棟に配置し、制服を着用させるなどすることで、上級学年としての自覚を育てるとともに、中学校へのスムーズな移行を行い、いわゆる「中1ギャップ」の解消を目指しています。

(4) 教科担任制と乗り入れ授業

中期（5年）からの緩やかな教科担任制の導入を推進しています。

平成26年度は小学校内の教科担任制として、3・4年生の理科と算数、5年生の算数・国語、6年生の家庭科で行っています。

また、中学校教科担当者による乗り入れ授業を、5年生の家庭科・音楽、6年生の算数・音楽・体育で行っています。

こうした教科担任制や乗り入れ授業をスムーズに行うため、校時表を工夫しています。また、中学校教員による乗り入れ授業への対応策として、例えば、小学校教員と中学校数学担当教員が一緒になって板書研究、研究授業、教材研究、指導法を学び合うなどの取組も行っています。

同学園では、児童生徒及び教員対象のアンケート調査の結果に基づき、教科担任制（乗り入れ授業）の成果について次のように分析しています。

〈児童生徒が感じているメリット〉

ア　中学校の先生による授業のスピードや教え方に慣れることができる。

イ　中学生に教えている専門的なことも教えてもらえて楽しい。

ウ　中学生になる心構えができる。

エ　中学生になってすぐの授業でも、気軽に質問できた。

〈教員が感じているメリット〉

ア　中学校の内容を理解するため、小学校でどんな力を付ける必要があるか分かる。

イ　中学生になったばかりの生徒でも名前で呼ぶことができる。

ウ　４月の授業がスムーズにスタートできる。

エ　児童生徒の特性を知ることができ、授業以外での支援にもつながる。

（５）合同行事や児童生徒の交流活動

児童生徒のコミュニケーション能力の向上と人間関係づくりを目指して、児童会・生徒会の自主的な運営による毎月第1月曜日の小中合同集会、縦割り班掃除、様々な合同の学校行事の実施等、異学年交流を通して思いやりの心を育てるとともに、コミュニケーション能力の育成に取り組んでいます。

4. 学校の組織運営

(1) 教職員の配置と兼務発令

校長は1名、教頭が小1名・中2名です[1]。校長が1名であることに伴う加配はありません。町費で教員免許所持者を公募で採用し、授業支援を中心とした業務を行う「支援員」として、平成26年度は小学校に1名、中学校に2名を配置し(月〜金、フルタイムの勤務)、学園の取組をサポートしています。

職員室における教職員の座席は、前期・中期・後期の3ブロックに分けて配置されています。また、教職員全員に兼務発令が行われています。

(2) 小中一貫教育の推進体制

教員が小・中学校を合わせても約30名であり、しかも一つの職員室であることなどを考え、一貫教育推進のための格別な体制(組織)整備はしていません。小中で基本的に共通した校務分掌を設定することにより、担当者同士が常に情報を共有し、意思疎通を図りながら取組を進めています。

(3) 研究・研修の推進体制

基礎学力の定着と学力の向上を目指し、学習指導法の改善を目指す研究・研修に特に力をそそいでいます。その主要なものについて以下に述べます。

［ⅰ］研究授業

全教員が年1回以上の研究授業実施を義務付けられています。

研究授業の目的は、①学ぶ楽しさを実感できる授業づくり、②各教科の評価規準の見直しと客観的評価の位置付け、③聞く・読む・書く・話す活動を設定し言語活動の充実をはかることだと言います。

研究授業に基づく研究協議は、小・中の校種や教科の違いを超え、視点を絞って行われます。その視点とは、①授業のねらいは明確か、②評価規準は適切か、③ねらった力が付く授業展開であったか、④言語活動を通して学び合う場面はどうだったかの4点です。

［ⅱ］研修会

平成26年度で見ると、全校研修会を6回、前期～後期の3ブロック別研修会を各5回実施しました。

5．学校と地域の連携

学校と家庭・地域が相互理解を深め、連携協働して子供の教育に当たることによって、教職員

1　1名は寄宿舎の舎監長を担当。

による取組の成果がより確かなものになるとの考え方で、学校と地域の連携強化に努めていました。

具体的には、文部科学省による補助事業である学校支援地域本部事業を活用し、地域住民等が学校支援のボランティア活動等を行う「学校応援団」を設置し、活動に関する学校と地域間の連絡調整役であるコーディネーターを校内に配置していることなどです。

6．小中一貫教育の成果・課題と今後の展望

教育委員会及び梼原学園における聞き取り調査などからすれば、取組の成果と課題は次のとおり認識されています。

〈これまでの主要な成果〉

①一部教科担任制や異年齢交流への積極的な取組の結果として、制度導入の大きな目的の一つだった「中1ギャップ」が解消されたことは明確である。

②教職員間で、9年間を見通した指導方法が必要だとの共通理解が図られつつある。こうした意識改革の成果もあってか、個々の教員が自己の資質・指導力の向上を目指し、全校体制の中で日常的・組織的に継続した実践研究を行うようになっている。

③学力向上のため極めて大切だと考えている学習規律確立に向けた取組を全教職員で実践し、児童生徒にも反映されてきている。

〈今後の主要な課題〉

①小中で系統的な指導を徹底し、発達段階に応じた指導を強化する必要があるが、いまだ十分ではない。平成26年度は研究主題を「基礎学力の定着と学力の向上を目指した学習指導法の改善」とし、「9年間の系統的な教育プログラムの作成　4―3―2のまとまりを大切にした指導法の工夫改善　―系統的・継続的な教育活動―」について実践的な研究に取り組んでおり、その成果を着実に生かしていく必要がある。

②小中一貫教育に限らないが、様々な取組の成否を決するのは人である。いまだ一貫校が点にとどまっている高知県では仕方がないことであるが、前任校では全く未経験のまま赴任し、試行錯誤や研修を重ね、ようやく確かな戦力として期待できるころになれば異動というのは先行実施校にとって厳しい。

③保護者や地域住民は学校に対し協力的であるが、学力向上やそのために必要な家庭での取組等については必ずしも十分に理解されておらず、協力も限定的であることが課題である。

8. 小中一貫教育の特色

昭和50年代後半から学校統廃合を繰り返した末に、小中施設一体型の校舎に生徒の寄宿舎までも整備し、小中一貫教育という形をとり町内唯一の学校として誕生したことが最大の特色だと考えます。

また、町内唯一の学校に対し地域が期待する「基礎学力の定着と学力向上」を目指し、全校一体で多様な取組をしており、それを町教委が厳しい財政事情の中で過大とも思えるほどの支援をしていることも大きな特色だと思われます。

【付記】注目される「梼原町一貫教育支援センター」の設置

全国で小中一貫教育に取り組んでいる市町村の多くは、この新しく困難な課題に取り組む現場である学校を支援する教育委員会の体制が極めてぜい弱だとされます。そのような状況の中で、梼原町が平成25年4月、「梼原町一貫教育支援センター」を設置したことは注目すべきことだと考えます。

設置要綱の主要な部分を要約すると、次のとおりです。

第1条（目的）
梼原町の目指す一貫教育の調査研究と学習内容・方法の開発などを行い、円滑かつ効率的に推進するために設置する。

第2条（事業内容）
センターは前条の目的を達成するため、（1）学力向上に関する調査研究と対応策の推進、（2）保幼小中高の一貫教育に関する調査及び研究、（3）教職員の資質・指導力向上に関する調査研究と研修会の実施、（4）幼児教育の推進、（5）生涯学習（社会教育及び保護者の教育を含む）の学習内容・方法の開発及び体系化に関すること、（6）その他生涯学習の推進に関すること、などの業務を行う。

第４条（組織）

センターは、予算の範囲内において、（１）学識経験者、（２）学校教育関係者、（３）社会教育関係者の中から教育長が任命する所員を持って構成する。

取組は始まったばかりですが、元高知県教育長を非常勤ながら所長とし、町教育長は今後における一層の充実に強い意欲を示しています。こうした取組は、町村レベルでは決して数多くある事例とは言えず、今後の動向に注目する必要があると思われます。

第8節

佐賀県多久市立小中一貫校東原庠舎《とうげんしょうしゃ》中央校
—中央小学校、中央中学校

多久市立小中一貫校東原庠舎東部校
—東部小学校、東部中学校

多久市立小中一貫校東原庠舎西渓校
—西渓小学校、西渓中学校

1．小中一貫教育導入の経緯

いわゆる三位一体改革による地方交付税削減の影響を受け、多久市は平成16年に第7次行政改革大綱（計画期間：平成17～21年度）を策定し、「多久市立学校適正規模・適正配置検討委員会を設置する」ことを決めました。

平成18年に設置されたこの委員会では、平成8年度から18年度にかけて小中学生が約800人（約29％）減る中で、当時の7小学校（1分校）・3中学校体制を将来どうするべきかを検討しました。

検討の中で、「小学校高学年から中学校進学時に生じる子どもたちの心理的不安を軽減し、義務教育9年間を見通した教育課程を編成し、系統的・継続的な教育活動を展開でき」、「同年齢・

多久市の概要

多久市は、佐賀県のほぼ中央、四方を山に囲まれた盆地に位置する。面積は約96万平方キロメートル、人口は約2万人。

佐賀県の県庁所在地である佐賀市からはJR唐津線でも車でも30分の場所にあり、佐賀空港からは車で45分である。

江戸時代に多久領を治めていた多久氏四代の多久茂文が教育を重んじ、元禄12年（1699）にまず学問所（後の東原庠舎）を建設、宝永5年（1708）に孔子像を納めた聖廟《せいびょう》を完成させ、現在も国指定重要文化財として保全されている。

この多久聖廟のある地域は「孔子の里」と呼ばれ、市の観光スポットであるとともに、市のシンボルともなっている。

異年齢集団による多様な活動を通して、豊かな人間性や社会性を育むことができる」小中一貫教育についても議題とし、平成19年12月にまとめた中間答申では、小中一貫教育を基軸とする学校規模の適正化と適正配置を考えるという方向性を打ち出しました。

その具体的な内容としては、①最も望ましい教育環境実現のため統合・再編を早急に進め、市内3中学校区のまとまりをつくる（平成23年を目途とする）、②統合に当って、一部新たな学校を建設し、一部既存の施設を活用する、③小中一貫教育の研究を進め、その導入を図る、④スクールバスの導入を図り、通学対策を総合的に講じる、⑤多久市の特色を生かした学習ができるような創意工夫をする、⑥跡地や跡施設は、地域活性化につながる活用を検討する、と示されました。

この中間答申を基に、市議会、地域、幼稚園・保育園・学校の保護者等と約60回の説明・意見交換を重ね、平成20年8月に最終答申をまとめました。

最終答申後、小中一貫教育導入までの間も、市議会、地域、幼稚園・保育園・学校の保護者等への説明・意見交換は約70回行われました。

また、市内の東部中学校では、平成10年から小中連携の研究に取り組んでおり、平成13年以降は同中学校の中学校区の小学校と協力して「小中連携教育研究会」を設け、小中一貫教育の研究を進めていました。

市内全校でも、市教育委員会の研究委嘱を受け、平成19～21年度に「『確かな学力』をつなぐ9年間」平成22～24年度に「学びをつなぎ　かかわりをつなぐ9年間」というテーマで研究に取り組みました。

このような経過をたどり、市内全域での小中一貫教育の取組が平成25年4月から開始しました（地方債の償還計画との関係で、当初平成23年に予定していた実施時期が変更されました）。

2. 小中一貫教育の実施形態

多久市では、従前の7小学校（1分校）・3中学校体制から、小学校を統廃合・新設して3校にし、三つの小中一貫教育校としました（図）。

中央校は中央中学校の敷地に中央小学校の建物を新設し、中学部と小学部の建物の1階と2階に渡り廊下を設けた併設型です。もともと隣接していた東部小学校と東部中学校は、東部中学校を増改築して校舎一体型としました。また、西渓校は、中部小学校だった校舎と隣接する西渓中学校の校舎を渡り廊下でつなぎ、一部を増改築して、建物全体を全学年で使用する校舎一体型としました。

新増改築に要した費用は、約42億3000万円（国費約20％、起債約65％、一般財源約８％ほか）です。

３校とも職員室は小中合同となっており、中央校では職員室は小学部の建物の中にあります。

小学校から県立中学校や私立中学校に進学する児童は、小中一貫校となる前の中央校で10～20名程度、東部校と西渓校で数名程度だったのが、小中一貫校となった2年目の平成26年度は、中央校で10名弱、西渓校で数名、東部校で０名と減少傾向が見られます。

図　多久市の小中一貫教育校の概要

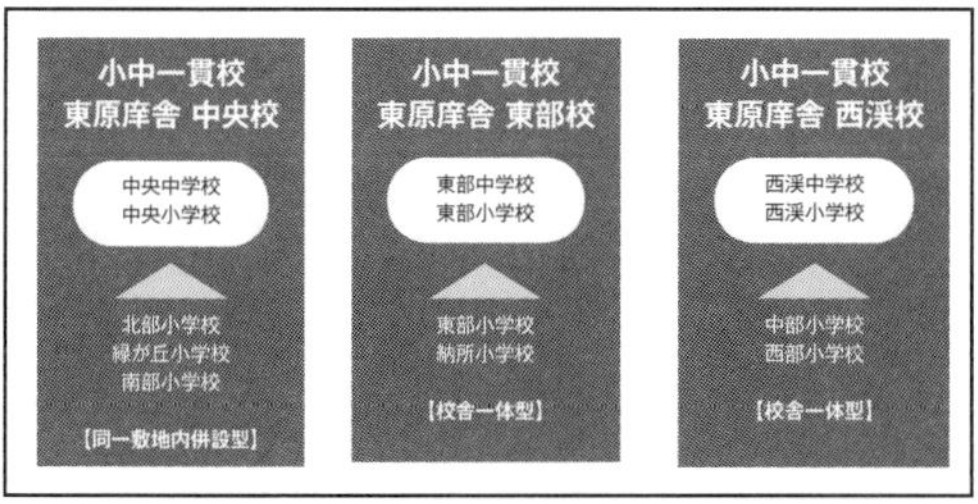

表　各校の児童生徒数及び学級数（平成26年度）

		中央校		東部校		西溪校	
		児童生徒数	学級数	児童生徒数	学級数	児童生徒数	学級数
1年		80人	3学級	42人	2学級	30人	1学級
2年		93人	3学級	33人	1学級	30人	1学級
3年		89人	3学級	30人	1学級	28人	1学級
4年		90人	3学級	41人	2学級	25人	1学級
5年		97人	3学級	40人	1学級	42人	2学級
6年		113人	3学級	30人	1学級	45人	2学級
7年		97人	3学級	41人	2学級	35人	1学級
8年		93人	3学級	56人	2学級	33人	1学級
9年		131人	4学級	34人	1学級	42人	2学級
特別	小	14人	3学級	10人	2学級	3人	2学級
支援	中	7人	2学級	3人	3学級	4人	2学級
合計		904人	33学級	360人	18学級	317人	16学級

出典：各校の学校要覧より作成

3. 教育課程の編成と運営

(1) 教育目標と教育課程

中央校・東部校・西渓校はそれぞれ、小学校と中学校で学校教育目標、目指す児童生徒像、学校像、教職員像を共有して教育計画を立てています。小中一貫教育校開校前に市として作成した共通の小中一貫カリキュラムを基に、各校で教育課程を編成しています。各校とも教育課程の特例指定は受けていません。

（2）学年区分と指導体制

3校共通して9年間を4―3―2に区分し、前期・中期・後期としています。3校とも、このブロックごとの朝会や集会を行っています。

（3）乗り入れ授業・合同授業

各校とも、特に中期において中学校の教員が小学生の授業を担当したり、小学校の教員が中学校の授業に入ったりする乗り入れ授業に取り組んでいます。

乗り入れ授業の内容は、各校の状況（教員の配置状況、担当授業数など）に応じて実施しているため、多様です。中学校教員の週当たりの担当授業数が20時間を超えないようにするという多久市としての共通方針はありますが、実際の乗り入れ授業の内容は各校で工夫して行っています。

中央校では、中学校の数学、音楽、美術、技術・家庭の教員が5・6年生の授業をT1として行うものと、小学校の教員が8年生の数学の授業にT2として参加するものを時間割上に位置付けて行っています。

東部校では、理科（6年）、英語（5・6年）、図工（5・6年）、家庭（5・6年）の授業を中学校の教員がT1として行い、社会（5・6年）、算数（5年）、音楽（5・6年）の授業に中学校の教員がT2として入っています。西渓校では、国語（6年）、外国語活動（5・6年）の授業で中学校の教員が教科指導をTTで行っています。[1]

各校の違いだけでなく、同一校でも年度によって乗り入れ授業を行う教科は異なっており、また、ある学校では、可能であれば中学校の英語の教員による小学校への乗り入れ授業を行いたいと考えているものの、教員の配置状況から今年度は困難であるとの話も出ており、各校ともに教員の配置状況に応じて、毎年度工夫しながら乗り入れ授業を実施している状況が読み取れました。

以上のような、学年や学期を通じた乗り入れ授業以外に、個別の単元における乗り入れ授業や異学年を組み合わせた合同授業なども積極的に行われています。

中央校では、体育科のダンス、理科のものの燃え方、英語科の英語活動などでも乗り入れ授業を行っています。

東部校では、理科で6年生と9年生の合同授業を水溶液、天体、エネルギーの3単元で計3時間行っているほか、中学校で以前から行っていた「生と死を考える授業」を小学部にも可能な範囲で拡大し、9年生が1～6年生に「命の授業」を行うなどの取組を進めています。

（4）異学年交流で行う行事

異学年交流で行う行事も各校それぞれ多数設けており、児童会・生徒会も合同したり連携したりして活動しています。

中央校では、学年の初めに交流遠足を1・4・9年、2・5・7年、3・6・8年と分けて行ったり、年に数回ふれあい給食として、1・6年、2・7年、3・8年、4・9年、5・9年と分けて行ったりすることなどが異学年交流として行われています。

東部校では、体育大会やスポーツ大会を全校（1～9年）で行うほか、全校クリーン作戦（地域の

1 各校の状況はいずれも平成26年度。西渓校については1学期の状況であり、2・3学期は変更の可能性がある。

清掃活動）やあいさつ運動、アルミ缶回収や募金活動などの児童生徒会のボランティア活動も全校で行っています。

学区内に多久聖廟が位置する西渓校では、教育課程上に地域連携行事を位置付けて地域との関わりを大事にしていることもあり、町民体育大会の競技に1～9年生が参加して9年生が運営に関わるほか、地域の伝統行事（奉納相撲、釈菜の舞、腰鼓、太鼓浮立、七郎神社祇園祭）にも全校児童生徒が参加したり、論語カルタ大会を全校行事と位置付けて取り組んだりしています。西渓校ではこのほか、体育大会も小中合同で行っています。

(5) 校時の設定

乗り入れ授業や合同授業、合同行事などがやりやすいように、各校ごとに幾つかの授業の始まりを小中でそろえています（中央校：2・4・6校時、東部校：2・4・5・6校時、西渓校：1・3・5校時）。

4. 学校の組織運営

(1) 教職員の配置と兼務発令

各校とも校長1名、副校長1名、教頭が小と中に各1名の計2名配置されています。校長が小学校籍なら副校長は中学校籍、その逆もあり、という人事配置を行っています。

佐賀県は従前、小中学校では副校長という役職を設けておらず、多久市が小中一貫教育を導入するに当たって県に強く希望し、設けてもらいました。小中一貫教育に特化した教員は、平成25年度に市全体で1名加配されました。平成26年度は、小中一貫教育に特化した加配教員はいませんが、非常勤も含めて中央校に15名、東部校に6名、西渓校に5名の加配教職員が措置されています。全教職員が小と中の兼務発令を受けています。

（2）校務分掌と研修・調査研究

校務分掌については、平成23〜24年度に市教育委員会に設けられた「小中一貫学校づくり実行委員会」の中の教頭部会で検討した大枠・共通理解事項を受けて、各校とも小学校と中学校が一体となった校務分掌としています。

前期・中期・後期に分けている学校と、小学部・中学部に分けている学校があります。小学部・中学部に分けているところは、「平成25年度は前期・中期・後期と分けたけれども不都合があったので今年度は見直してみた」とのことでした。

また、校務分掌を小・中一緒にしたところ、小学校教員と中学校教員の仕事のやり方の違いでうまくいかないことがあったので、「平成25年度は中学部に合わせた校務分掌だったのを、今年度は小学部に合わせた校務分掌にしてみている」との説明もあり、校務分掌については試行している段階のようでした。

各校の見直しの状況は、市内教頭会で情報交換し、互いの良さと課題を共有することによって、自校の更なる校務分掌の見直しに役立てているとのことでした。

東部校では、校内研修や公開授業において乗り入れ授業も研究授業としたり、小中一貫教育を

2 教育課程の中に、聖廟見学、論語タイム（論語カルタの活用）や釈菜《せきさい》の舞、腰鼓《ようこ》、太鼓浮立《たいこふりゅう》の時間を設定している。

語る会を設定したりするなど、小中一貫校ならではの研修を実施しています。

また、平成25～26年度には、文部科学省の「小中一貫教育校による多様な教育システムの調査研究」事業の委託を受け、市教育委員会と全学校が学校運営・教育実践に関する調査研究に取り組んでいます。

（3）スクールバスの運行

スクールバスは17台で、24路線を登校時は1便、下校時は3便で運行しています。小学生は2キロメートルを超える場合、中学生は6キロメートルを超える場合に利用でき、平成26年度の利用児童生徒数は444人で、市内児童生徒の約44％が利用しています。

（4）市教育委員会による学校支援

市全体で小中一貫教育を行っているため、市教育委員会が小中一貫教育の内容を説明するリーフレットを作成しているほか、市の教育長はじめ教育委員会事務局が全面的に各校をサポートしている様子がうかがわれ、学校と教育委員会事務局の間にいわゆる風通しの良い信頼関係が構築されているように見えました。

なお、小中一貫教育に特化したものではありませんが、市費職員として図書館司書6名、ICT支援員2名、スクールサポーター（警察OB）1名、学校教育・特別支援教育支援員15名が配置されています（平成26年度）。

5．学校と地域の連携

前述のように、平成19年12月から小学校の統廃合による小中一貫教育の実施について延べ約130回の説明会や意見交換会を実施するなど、地域・保護者の理解を得るべく市教育委員会が中心となって努力してきました。

平成23～24年度に市教育委員会に設けられた「小中一貫学校づくり実行委員会」の中の検討部会の筆頭であり、校名・校歌・校章や学校教育目標などを検討する企画部会に校長、事務主幹のほか、区長会長や中学校と旧小学校のPTA会長も構成員として参加し、同じく検討部会の一つであるPTA・育友会部会でも中学校と旧小学校のPTA会長、校長、教頭で検討を行ってきたことなどによって、横のつながりがうまくいき、PTAは3校とも小中合同の組織となっています。

市教育委員会としては、今後、各校と地域との関係をより深めるためにコミュニティ・スクールの導入を検討する予定とのことでした。[3]

6．小中一貫教育の成果・課題と今後の発展

市教育委員会の説明によれば、多久市の小中一貫教育が目指すのは、「中1ギャップ」をなくし、①学力を向上させ、②不登校を減らし、③問題行動を減らすことです。

3　その後、平成27～28年度文部科学省「コミュニティ・スクール導入等促進事業」の委嘱を受けている。

各校ともに教育課程や行事、学校運営、地域との連携にそれぞれ工夫を凝らして取り組んでおり、児童生徒・保護者の意識調査や学校評価も行ってフィードバックを得ていますが、小中一貫教育の導入から1年半であり、客観的に成果と課題を検証するには時期尚早です。

各校が行っている意識調査や学校評価も重要な取組ですが、導入後5年、10年という節目において多久市の小中一貫教育がどのような成果を上げたのかについて市民や保護者に説明できるように、各校が共通したデータを継続的に蓄積して成果を測ることも、市教育委員会のサポートの下で必要ではないかと思われます。

7．多久市の小中一貫教育の特色

(1) 全市で同時に導入（同一敷地内併設型と校舎一体型）

多久市の小中一貫教育の現時点でのほかの事例に見られない特色は、同一敷地内併設型あるいは校舎一体型の小中一貫教育を全市で同時に導入したことです。これは、市における行革の方針が一つの契機となっているものの、教育長はじめ教育委員会事務局が市長の理解を得て市長部局とも連携し、**学校の適正規模・適正配置の問題を単に財政問題にすることなく、教育問題として取り組んだ努力が結実**したものと思われます。

また、最初に学校の適正規模・適正配置の問題が提起された平成16年度から小学校の統廃合による小中一貫教育の導入まで約10年かけており、その間、延べ約130回の市議会や地域、保護者への説明会や意見交換会を実施したり、平成19～21年度に『確かな学力』をつなぐ9年間」

平成22～24年度に「学びをつなぎ　かかわりをつなぐ9年間」というテーマで市内全校で研究に取り組んだりなど、**地域や保護者、教員が小中一貫教育の導入に向けて十分な準備ができるように様々な取組**を行ったことが、平成25年度の小中一貫教育導入に好影響を与えているように見えました。

（2）各校が創意工夫する教育活動

もう一つの特色は、全市で同時に導入したにもかかわらず、教育活動の内容には各校の独自性が見られることです。

小中一貫校としての教科のカリキュラムは、開校前の平成24年度までに市全体で作成していま す。加えて、郷土の偉人伝・論語カルタの教材化や授業の実践事例集など、教育実践のための資料を開校前から市教育委員会主導で計画的に作成しています。

それらを活用しながら、各校が、前身校からの伝統や地域の状況、教職員の配置状況など、それぞれの置かれた環境や条件の中で工夫して教育課程を編成・実施しています。このような各校の創意工夫が尊重されている環境の中で、教職員が前向きに活動しているように感じられました。

（3）学校、教育委員会事務局、市長部局の協力と支援

最後に、3校の見学と意見交換、教育長や教育委員会事務局との意見交換、市長との懇談を通じて、市長と教育長、市長部局と教育委員会事務局、教育長・教育委員会事務局と学校の間に、それぞれ風通しの良い信頼関係が構築できており、協力や支援が円滑に行われていると感じられたこともあえて付記しておきたいと思います。

執筆者一覧

（平成28年3月現在・50音順）

植田みどり　国立教育政策研究所 教育政策・評価研究部 総括研究官
第１章第４節
第３章第３節、第４節［宮﨑悟と共同執筆］

工藤　文三　大阪体育大学 教育学部 学部長・教授
第１章第２節
第３章第５節

高橋　　興　青森中央学院大学 経営法学部 教授
第１章第１節、第５節
第３章第７節

宮﨑　　悟　国立教育政策研究所 教育政策・評価研究部 主任研究官
第１章第６節
第２章
第３章第４節［植田みどりと共同執筆］、第６節

屋敷　和佳　国立教育政策研究所 教育政策・評価研究部 総括研究官
第１章第３節
第３章はじめに、第１節、第２節

渡邊　恵子　国立教育政策研究所 教育政策・評価研究部長
第３章第８節

研究組織（本書に関係する部分のみ）

【研究代表者】

渡邊　恵子　国立教育政策研究所　教育政策・評価研究部長

【一貫教育事例班（小中一貫教育担当）】　○班長

植田みどり　国立教育政策研究所 教育政策・評価研究部 総括研究官
工藤　文三　大阪体育大学 教育学部 教授・学部長
妹尾　　渉　国立教育政策研究所 教育政策・評価研究部 総括研究官
高橋　　興　青森中央学院大学 経営法学部 教授
宮﨑　　悟　国立教育政策研究所 教育政策・評価研究部 主任研究官
○屋敷　和佳　国立教育政策研究所 教育政策・評価研究部 総括研究官

【オブザーバー】

武藤　久慶　文部科学省初等中等教育局初等中等教育企画課教育制度改革室 室長補佐

「国研ライブラリー」発刊の辞

「国立教育政策研究所」は、その前身である「国立教育研究所」(昭和24年設立)の時代から、我が国唯一の教育に関する国立研究所として長い歴史を有しています。

本研究所は、これまで初等中等教育から高等教育、社会教育、生涯学習、文教施設までの教育行政全般にわたって、将来の政策形成のための先行的調査や既存の施策の検証など教育改革の裏づけとなる基礎的な調査研究を進めてまいりました。

グローバル化や少子高齢化、科学技術イノベーションなどが加速度的に進む現代においては、一人一人が豊かな人生を送るための基盤として、幼児教育から高等教育まで一体的な教育改革を実効的に進めるための調査研究を行い、わかりやすく社会に説明していくことがこれまで以上に重要になっています。こういった中で国と地方の教育政策の形成に寄与し、学校での教育実践に役立つことを目的とする本研究所の役割は、ますます高まっていることを日々実感しております。

このように長い歴史と実績を有する研究所として、その成果を教育関係者をはじめとするより多くの方々の目に触れる形で提供すること、また、これまでの研究所の歩みを研究成果という観点から広く残していくことが重要であると考え、今回、「国研ライブラリー」シリーズの発刊を構想させていただきました。

「国研ライブラリー」シリーズを手にした皆様が、国立教育政策研究所で行われている様々な研究内容についてご理解いただき、また、このライブラリーが、我が国の教育の質を向上する一助となれば幸いです。

平成28年1月

国立教育政策研究所　所長　大槻　達也

国研ライブラリー
小中一貫[事例編]

2016(平成28)年6月20日　初版第1刷発行
2017(平成29)年3月13日　初版第2刷発行

編　者　国立教育政策研究所
発行者　錦織圭之介
発行所　株式会社　東洋館出版社
〒113-0021　東京都文京区本駒込5-16-7
営業部　電話 03-3823-9206 ／ FAX 03-3823-9208
編集部　電話 03-3823-9207 ／ FAX 03-3823-9209
振替　00180-7-96823
URL　http://www.toyokan.co.jp
装　幀　中濱健治
印刷・製本　藤原印刷株式会社

ISBN978-4-491-03248-1　Printed in Japan